Matthias Nöllke       Christian Sprang

# Ich mach mich vom Acker
## vom Acker

### Allerneueste ungewöhnliche Todesanzeigen

Kiepenheuer & Witsch

Verlag Kiepenheuer & Witsch, FSC®-N001512

1. Auflage 2013

Umschlaggestaltung: Barbara Thoben, Köln
Umschlagmotiv: © Silke Schmidt
Gesetzt aus der Today
Satz: Felder KölnBerlin
Druck und Bindearbeiten: CPI books GmbH, Leck
ISBN 978-3-462-04549-9

**Das Buch**

Verändert sich unser Umgang mit dem Tod? Christian Sprang und Matthias Nöllke haben tausende Todesanzeigen gesichtet, die ihnen Leser aus Deutschland, Österreich und der Schweiz zugeschickt haben. Ihre Auswahl deutet an: Wir nehmen heute anders Abschied voneinander als früher. Es werden nicht mehr nur die Bibel und Goethe zitiert, sondern auch Derrick (»Harry, hol schon mal den Wagen«) und Reich-Ranicki (»Der Tod ist vollkommen sinnlos und vernichtend«). Ihre Lektüre verrät, dass Tod nicht nur Trauer auslösen kann, sondern auch Hass (»Ihr werdet alle zusammen in der Hölle schmoren«), Missgunst (»Wir wünschen ihren Erben mit den 85.000 DM wenig Glück«) oder gute Laune (»Ab heute ist im Himmel Damenwahl«). Und es scheint, dass sich immer mehr Menschen gleich selbst verabschieden (»Ich bin einmal gewesen, jetzt bin ich am Verwesen«).

Der dritte, krönende Band der großen Todesanzeigen-Trilogie zeigt liebevoll und komisch, rührend und ehrlich zugleich, wie wir heute sterben und leben.

**Die Autoren**

Matthias Nöllke, Dr. phil., arbeitet für den Bayerischen Rundfunk und ist Autor zahlreicher Bücher, mal sachlich, mal unterhaltsam, zum Beispiel: »Machtspiele«, »Vielen Dank an das gesamte Team. 111 unvermeidliche Sätze fürs Berufsleben« und »Hörst du mir überhaupt zu?«. Er lebt in München.

Christian Sprang, Dr. phil., betreibt seit 2003 die populäre Website *todesanzeigensammlung.de*. Beruflich ist der promovierte Musikwissenschaftler Justiziar des *Börsenvereins des Deutschen Buchhandels* und leitet Seminare und Fachanwaltslehrgänge zum Urheber- und Verlagsrecht.

KiWi
1339

# Inhalt

# Vorwort

Ende August 2009 kam das Buch heraus, das alles veränderte: »Aus die Maus. Gesammelte Todesanzeigen«. Aus dem Stand sprang es in die Top Ten der Spiegel-Bestsellerliste und hielt sich dort 23 Wochen lang. Noch bemerkenswerter war das Echo unserer Leser. Wir bekamen eine Unmenge Post, Briefe, Karten, E-Mails, manche meldeten sich sogar telefonisch. Es schien fast so, als hätte man eine Schleuse geöffnet. Unsere Leser zeigten sich sehr berührt, aber auch amüsiert; es gab welche, die schmunzeln mussten, anderen traten vor Rührung die Tränen in die Augen, wie sie uns wissen ließen. Einige kommentierten einzelne Anzeigen, die ihnen besonders nahegegangen waren. Oder sie machten uns auf Aspekte aufmerksam, die uns entgangen waren, zum Beispiel versteckte Zitate.
Manche entwickelten regelrecht detektivischen Spürsinn. Eine Meisterleistung gelang hier einem Leser unseres zweiten Bandes »Wir sind unfassbar«. Er enttarnte das Porträtfoto eines Mannes mit Hut (auf Seite 30) als Montage, weil sonst der Schattenwurf des Hutes ein anderer hätte sein müssen.

Vielleicht noch verblüffender war aber die Entdeckung eines Lesers von »Aus die Maus«: Dort war (auf Seite 79) eine sehr persönliche Anzeige erschienen, in der sich ein gewisser Martin S. an seine Mitmenschen wendet und ihnen noch allerlei Einsichten mit auf den Weg gibt:

# Ungewöhnlich

ist es sicherlich, wenn ich mich
noch einmal an alle Freunde
wende und an die Menschen,
die mir einmal begegnet sind.

Unser aller Leben geht einmal zu Ende - so auch das meine.
Wenn Sie diese Zeilen lesen, habe ich längst zum letzten Male
tief und vernehmlich geatmet.

Fertig sind wir nie und trotzdem müssen wir abtreten.
Niemand kann sich den Zeitpunkt auswählen. Und so ist es gut,
sich zur rechten Zeit darauf vorzubereiten, um nicht arg überrascht zu werden.

Bedanken will ich mich bei allen Menschen, die einmal meinen Weg kreuzten -
im Guten und im Nichtguten. Vielleicht haben Sie heute Nachsicht mit mir und
meinem mir in die Wiege gelegten Temperament sowie meiner Veranlagung.
Meine hektische Eile und mein manchmal notwendiges,
wenig nachgiebiges Durchstehen haben sicher manchen verprellt.

Doch lebt nicht jeder nach seinem eigenen Gesetz?
Wer seinen klaren, ihm aufgezeigten Weg geht, hat nicht allzu viele Freunde;
und um sich aus eigener Kraft aus dem endlosen Meer der Namenlosen
herauszurecken, muss man sich ein Leben lang bemühen und anstrengen.

Ein in Vernunft und mit Verstand gelebtes Leben hat seine fest gefügte Ordnung.
Oft genug und weit genug war ich davon entfernt.
Die vielen kleinen Unordentlichkeiten sowie Unberechenbarkeiten in so vielen
Stunden und Tagen, die das Dasein erst so lebens- und liebenswert machten
und mir die Menschen so nah brachten, waren gleichwohl Versäumnisse;
trotzdem durften sie in meinem bewusst gelebten Leben nicht fehlen.

Ich hoffe, trotz allem einen gütigen und verständnisvollen Richter zu finden -
denn nach christlicher Erkenntnis ist am Ziel unseres Erdenlebens unser Sein
noch nicht zu Ende.

## Martin S

Dieses vermeintliche Vermächtnis erwies sich als wortwörtliche Kopie einer denkwürdigen Anzeige, mit der sich in den Siebzigerjahren Willi Maurer, Seifenfabrikant und Erfinder von rei in der Tube, verabschiedet hatte:

Ungewöhnlich ist es sicherlich, wenn ich mich noch einmal an alle Freunde wende und an die Menschen, die mir einmal begegnet sind.

Unser aller Leben geht einmal zu Ende – so auch das meine. Und wenn Sie diese Zeilen lesen, habe ich längst zum letzten Male tief und vernehmlich geatmet.

Fertig sind wir nie, und trotzdem müssen wir abtreten. Niemand kann sich den Zeitpunkt auswählen. Und so ist es gut, sich zur rechten Zeit darauf vorzubereiten, um nicht arg überrascht zu werden.

Bedanken will ich mich bei allen Menschen, die einmal meinen Weg kreuzten – im Guten und im Nichtguten. Vielleicht haben sie heute Nachsicht mit mir und meinem mir in die Wiege gelegten Temperament und meiner Veranlagung. Meine hektische Eile und mein manchmal notwendiges, wenig nachgiebiges Durchstehen haben sicher manchen verprellt. Doch lebt nicht jeder nach seinem eigenen Gesetz?! Wer seinen klaren, ihm aufgezeigten Weg geht, hat nicht allzu viele Freunde. Und um sich aus eigener Kraft aus dem endlosen Meer der Namenlosen herauszurecken, muß man sich ein Leben lang bemühen und anstrengen.

Ein in Vernunft und mit Verstand gelebtes Leben hat seine festgefügte Ordnung. Oft genug und weit genug war ich davon entfernt. Die vielen kleinen Unordentlichkeiten und Unberechenbarkeiten in so vielen Stunden und Tagen, die das Dasein erst so lebens- und liebenswert machten und mir die Menschen so nahe brachten, waren gleichwohl Versäumnisse – trotzdem durften sie in meinem bewußt gelebten Leben nicht fehlen.

Ich hoffe, trotz allem einen gütigen und verständnisvollen Richter zu finden – denn nach christlicher Erkenntnis ist am Ziel unseres Erdenlebens unser Sein noch nicht zu Ende.

Willi Maurer

Plagiate gibt es also nicht nur bei Dissertationen, sondern auch bei Todesanzeigen. Immerhin führen sie, soweit man hört, nicht zur nachträglichen Aberkennung des Versterbens.

Vor allem aber schickten uns die Leser Anzeigen, eigene Fundstücke, mitunter ganze Sammlungen. Gar nicht so wenige ließen uns wissen, sie wären erst durch unsere Bücher darauf aufmerksam geworden, sich die Todesanzeigen doch mal etwas genauer anzuschauen. Und da hätten sie kürzlich das folgende Exemplar entdeckt ...

Es kamen so viele Anzeigen zusammen, dass wir unser zweites Buch »Wir sind unfassbar« nahezu komplett aus den Einsendungen der Leser zusammenstellen konnten. Und wir hatten noch einen beträchtlichen Überhang, sodass wir hofften, dass vielleicht in zwei, drei Jahren genügend Material zusammenkäme, um noch einen dritten und dann letzten Band zu füllen. Nun, diese Hoffnungen wurden bei Weitem übertroffen. Unsere Leser haben uns – buchstäblich bis heute – in großer Zahl Anzeigen zugeschickt, von denen wir auf die eine oder andere Art beeindruckt sind.

Christian Sprang hat die Einsendungen vorsortiert und mir nur die Exemplare geschickt, die für eine Veröffentlichung infrage kamen. Ich habe jede dieser Anzeigen gesichtet, klassifiziert wie ein Insektenforscher seine Schmetterlinge und in eine Excel-Tabelle eingetragen, die lang und länger wurde. Mittlerweile bin ich über die Zeile 1 500 hinaus. Das heißt, wir mussten eine rigorose Auswahl treffen und auf viele sehr schöne Anzeigen verzichten: Nur jedes fünfte Exemplar ist in unserem Buch gelandet. Hinzu kamen noch die Überstände aus den letzten beiden Büchern. Aber von denen haben wir weit weniger untergebracht, als wir vorgesehen hatten.

Denn in den Einsendungen zeigt sich eine deutliche Tendenz: Die Todesanzeigen haben sich seit dem Erscheinen von »Aus die Maus« verändert. Die Leute trauen sich mehr, sie sind einfallsreicher, in jeder Hinsicht. Es gibt Texte, die uns regelrecht umgehauen haben, weil sie so gut gelungen sind. Auch die grafische Gestaltung entfernt sich immer stärker von dem üblichen Schema mit dürrem Kreuz, Kranz oder gebrochener Rose. Und dann gibt es ja noch mit zunehmender Häufigkeit Fotos der Verstorbenen, die uns auf unterschiedliche Weise angesprochen haben (siehe Kapitel »Kopf hoch, auch wenn die Schuhe nicht geputzt sind«).

Vermutlich lassen die Zeitungen auch mehr zu als noch vor zehn oder zwanzig Jahren. Bei einzelnen Anzeigen stockte sogar uns kurz der Atem. Hinzu kommt, dass sich die technischen Möglichkeiten erweitert haben. So haben längst die ersten Farbfotos im Trauerrand Einzug gehalten. Und es ist wohl nur eine Frage der Zeit, bis sich die Anzeigen mit Facebook, Twitter und einem »Livestream« von den Begräbnisfeierlichkeiten verlinken lassen. Virtuelle Friedhöfe gibt es ja schon.

Natürlich sind die hier versammelten Anzeigen nicht der Normalfall, sondern in irgendeiner Art herausragend. Denn sie sind jemandem aufgefallen, der die Hintergründe der Anzeige in aller Regel nicht kennt (eher selten werden uns Todesanzeigen von nahen Verwandten oder eigene Kreationen gesendet). Diese Leserin bzw. dieser Leser hat sie ausgeschnitten, an uns geschickt und wir waren ebenfalls so beeindruckt, dass wir meinten, die Anzeige muss in das Buch. »Die Breite an der Spitze ist dichter geworden«, diese Einsicht von Fußballlegende Berti Vogts gilt auch für die Todesanzeigen. Zugleich hat sich deren Art verändert. Der Anteil der Anzeigen, die unfreiwillig komisch sind, hat abgenommen. Solche Anzeigen gibt es natürlich immer noch, doch interessanter sind die anderen: Sie sind so eigensinnig, abgedreht, herzzerreißend, hintergründig oder humorvoll, dass wir meinen, sie haben es verdient, eine möglichst große Leserschaft zu erreichen.

Das Beglückende dabei: Diese Texte stammen von den Angehörigen, den Freunden oder den Firmen, bei denen die Verstorbenen (manchmal vor erstaunlich langer Zeit) beschäftigt waren. Es handelt sich um eine Art Volkspoesie, die in ihrer Vielfalt einfach überwältigend ist.

In diesem Sinne wünschen wir unseren Leserinnen und Lesern viel Vergnügen. Und falls Ihnen in Ihrer Zeitung eine ungewöhnliche Familien- oder Todesanzeige auffällt, dann lesen Sie doch mal das Nachwort von Christian Sprang.

München, im Frühjahr 2013
*Matthias Nöllke*

# 01

# »Die Oma wieder ...«

Familiäres

Auch in Zeiten, in denen sich die familiären Bindungen lockern, gehören sie zu den Klassikern des Genres: Anzeigen, die von Menschen geschaltet werden, die in irgendeiner verwandtschaftlichen Beziehung zur bzw. zum Verstorbenen stehen. Dabei lassen sich manchmal nur Vermutungen über die genaue Art dieser Beziehung anstellen. Wie bei unserem ersten Beispiel, dem wir entnehmen, dass »unsere Olga« zur »engsten Familie« zu rechnen ist. Gleichwohl hielt sich die emotionale Bindung offenbar in Grenzen, wenn die Familie kundtut, sie sei »nun doch« sehr traurig. Vielleicht hatte Olga auch das Alter überschritten, in dem man in der Familie E. Anspruch auf ausgeprägte Trauer hat.

---

Im Alter von fast 90 Jahren ist unsere

# O L G A gestorben

Wir sind nun doch sehr traurig

**Gerhard E**

**Jonas E**          **mit Nicole**

**Verona E**         **geb. H**

Die Beisetzung fand im Kreise
der engsten Familie statt.

---

# Jutta W

| | |
|---|---|
| Geburtsdatum | 20. März 1918 |
| Wohnort | strasse 55, CH-6300 Zug |
| Todesdatum | 30. Juni 2005 in Baar |
| Trauergottesdienst | Freitag, 8. Juli 2005 |
| | Um 14.00 Uhr evang.-ref. Trauergottes-dienst in der Friedhofkapelle des Friedhofs Kirchmatt und anschliessend Urnen-beisetzung auf dem Friedhof Kirchmatt in Baar. |

Die Trauerfamilie
Ingo und Jost Mario W

Dass es noch deutlich kühler geht, zeigt die nüchterne Tabelle für Jutta W. Wäre sie nicht von der »Trauerfamilie« unterzeichnet, könnte man annehmen, ein korrekter Schweizer Beamter hätte ein Formular ausgefüllt.

**Um keine Missverständnisse aufkommen zu lassen: Gerade aus der Schweiz kommen überaus gelungene Anzeigen voller Herzenswärme – wie die liebevoll gestaltete Anzeige für Ruth B.-M.**

Das Schicksal sah Hartes vor. Unsere Mutter, «eine M     »
aus dem Berner Seeland – im Laufe der Zeit auch «eine B     »
im Luzernischen geworden –, litt in den letzten sechs Jahren zäh und
tapfer in der Krankheit Alzheimer. Stufe für Stufe im Verfall verlor
unsere Mutter erst die Sprache, dann die zusammenhängenden Sätze,
dann die Wörter selbst, dann die Kraft, dann die Bewegung, bis nur
noch der Geist wachte und den Körper vor einigen Tagen verliess.
«Sie hat es geschafft», sagte eine Pflegerin im Altersheim. Der Satz traf
die Realität ihrer letzten Tage. Ihre Kinder hielten stets den Kontakt,
irgendwann nur noch über eine körperliche Berührung und über die Augen
hinein ins Innere ihrer Mutter. Sie lernte uns in dieser Zeit, was eine Mutter
sein kann: die Gewissheit, dass man – oft unmerklich – im Leben
gehalten worden ist und weiter im Leben gehalten wird.

Im Gedenken an unsere liebe Mutter

# Ruth B          -M
14. Februar 1927 bis 13. Mai 2011

Die Kinder Ursula und Bernhard B
Die Familien M          und B
Freunde und viele (uns vielleicht) unbekannte Bekannte und Weggefährten

Der Gottesdienst und die Urnenbeisetzung finden am Dienstag, den 24. Mai 2011 um 14.00 Uhr in der
Abdankungshalle auf dem Friedhof in Adelboden statt. Anschliessend ist Zeit da, bei Speis und Trank ein
paar Worte miteinander zu sprechen. Alle, die ein Gefühl verspüren, Abschied zu nehmen, sind eingeladen.

Anstelle von Blumen bitten wir um eine Spende für den
Altersheim-Verein, 3715 Adelboden. PK 30-33829-8.
Die Angestellten des Heims haben Grossartiges geleistet.

Mit ganz anderen Mitteln bringt Familie Z.
ihre Zuneigung für Oma Karin zum Ausdruck. Wobei sie in der Familie noch vier
weitere Funktionen versah.

„Die Oma wieder...“

# Karin Z
*14.02.1949 † 09.09.2011

Geliebte Ehefrau
Mutter
Oma
Tochter
Schwester

Nun gut.

*Hunding, 13. 09. 2011*

Familie T. hat den Verlust ihres Ober-
haupts zu beklagen, was in einer eher ungewöhnlichen Bezeichnung zum Ausdruck
kommt.

Wenn ihr an mich denkt,
seid nicht traurig,
sondern habt den Mut von mir zu erzählen
und auch zu lachen.
Lasst mir einen Platz zwischen euch,
so wie ich ihn im Leben hatte.

Der Alte Selber

# Hans T
* 14. August 1927    † 18. Januar 2013

In der Bezeichnung für Juliane K. deutet sich hingegen eine traurige Familiengeschichte an. Ungewöhnlich nur, dies in der Todesanzeige noch einmal allen Verwandten und Bekannten mitzuteilen.

Wir müssen Abschied nehmen von

# Juliane K
### Zweite Geige
\* 6. 3. 1932       † 26. 11. 2010

### In stiller Trauer:
### Deine Familie

Die Beerdigung findet am Freitag, dem 3. Dezember 2010, um 11.00 Uhr auf dem Zentralfriedhof in Erlangen statt.

Der backfreudige Opa Neuber wird von einem Familienmitglied mit einem gewissen Hang zur Selbstironie verabschiedet.

*Nun wird ein Engel im Himmel Kekse und Quarkbällchen backen.*

Bestelladresse: Himmelstor 1

# Opa Neuber

### Deine Nervensäge

Unser nächstes Exemplar stammt aus der Zeit, als die Anzeigen noch in Blei gesetzt wurden. Und auch wenn da in der zweiten Zeile zweifellos etwas durcheinandergeraten ist, eine 80-Watt-Handbohroma im Haus zu haben, hat gewiss so manchen Handwerkskasten eingespart. Umso unersetzlicher vermutlich ihr Verlust.

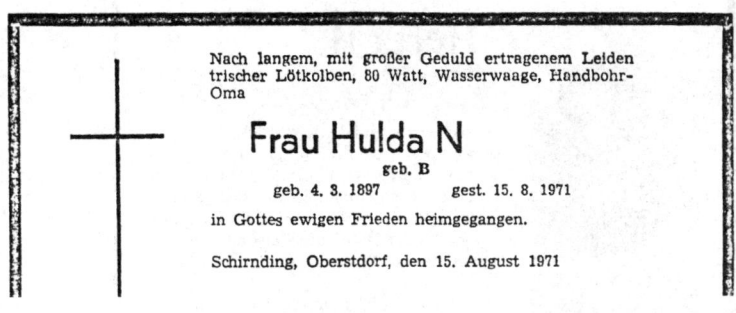

Nach langem, mit großer Geduld ertragenem Leiden trischer Lötkolben, 80 Watt, Wasserwaage, Handbohr-Oma

# Frau Hulda N
geb. B

geb. 4. 3. 1897    gest. 15. 8. 1971

in Gottes ewigen Frieden heimgegangen.

Schirnding, Oberstdorf, den 15. August 1971

Zu einem anderen Hobby, das in der Familie seine Spuren hinterlassen hat: Als veritabler Hitparaden-Superfan muss Familienvater Gerhard R. alias Bronco gelten. Der Schlager, aus dem zitiert wird, stammt von Jürgen Marcus. Und dass Bronco den besonders geschätzt hat, verrät ein kurzer Blick auf die Angehörigen.

Irgendwo im Land, das Gestern heißt,
gehst du wie immer neben mir,
und ich seh die ganze Welt in dir,
doch niemand reist jemals in das Land, das Gestern heißt,
und das Heute ist leer für mich ohne dich.

Nach langer, schwerer Krankheit verstarb mein lieber Mann und guter Vater, unser Bruder, Schwager und Onkel

## Gerhard R    (Bronco)

Hitparaden-Superfan

16. 8. 1950  –  13. 11. 2012

In tiefer Trauer

Annette R      geb. K
Jürgen Marcus R
Walter R      und Familie
Johannes R      und Familie
Erika W      geb. R      und Familie
und alle Angehörigen

Eine bewegende Anzeige hat Evelyn für die Mama geschaltet: Fünfzig Jahre nach ihrem Tod ist Herta H. in den Gedanken ihrer Tochter noch erstaunlich präsent.

In Erinnerung an meine Mama

# Herta H

\* 10. 12. 1925    † 24. 10. 1962

Heute vor 50 Jahren wurdest du mir genommen, viele Tränen habe ich in dieser Zeit um dich geweint, oft nach dir gesucht und doch wusste ich immer, dass deine Seele schützend bei mir ist, deine Kraft in mir wächst und deine Weisheit sich in meinen Entscheidungen wieder findet.

Zum Glück beruht meine Identität auf der Tatsache, dass ich die Tochter meiner Mutter bin.

Kurt verabschiedet sich nach fünfzig gemeinsamen Jahren von seinem Vater. Mit einem versöhnlichen Resümee.

## Papa
Du hast nicht vergebens gelebt.

50 Jahre haben wir gestritten, getrunken, gelebt – und das war gut so.

### Dein Kurt

Hannchen trauert um ihren „Zausel".

Ibiza, 12. Juli 2001

Getrennte Wege sind Vater und Sohn in unserer nächsten Anzeige gegangen. Dabei tragen sie sogar den gleichen Namen.

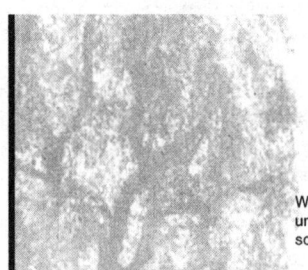

Die Erfahrung des Todes
spricht eine eigene Sprache...

# Alfred H

\* 21. Februar 1920    † 16. November 2010

Wir haben leider sehr wenig miteinander sprechen können und daher habe ich nie verstanden, dass du dir das Leben so gewählt hast.

Dein Sohn Alfred und Iris

Den gleichen Namen tragen auch Herbert und sein Sohn. Allerdings ist es hier der Sohn, der gestorben ist. Sechs Jahre später schalten die Eltern eine Anzeige, vielleicht diejenige, die einen am stärksten in diesem Buch berührt. Denn die Eltern können sich mit ihrem Schmerz nur an ihren toten Sohn wenden. Die anderen – »wissen nichts«.

## *Hallo Herbert, unser liebster Sohn,*

*hörst Du sie auch fragen:*
Wie lange ist es nun her, das mit eurem Sohn?

Wir antworten:
Sechs Jahre und es fällt uns schwer
unsere Traurigkeit und unsere Tränen zu unterdrücken.

*Sie sagen:*
Das Schicksal müsst ihr annehmen, es bringt nichts,
sich dagegen aufzubäumen, ihr werdet darüber
hinwegkommen. Die Zeit wird die Wunden heilen,
ihr müsst stark sein und an die Zukunft denken.

*Sie wissen nichts:*
Von dem Willen, das Liebgewordene festzuhalten,
von dem Schmerz des plötzlichen Abschieds, der kein
Abschied, sondern ein Wegreißen war,
von der Einsamkeit, die so unendlich wehtut.

6 Jahre ohne Dich
Nichts – was nicht an Dich erinnert.
Kein Tag, an dem wir Dich nicht vermissen.
So lebst Du in uns und unseren Gedanken.
Dir wurde Deine Zukunft genommen.

Es sind nicht nur die eigenen Tränen,
die wir bisweilen um Dich weinen,
Du wolltest doch so gerne leben,
so sind es auch die Deinen.

Deine **Mama** und Dein **Papa**
**Helga** und **Herbert**

Bisher hatten wir den Familiennamen »Lehmann« nicht zu den bedrohten Arten gerechnet. Doch dann mussten wir erfahren, dass mit Horst Lehmann nicht nur der Letzte seiner Art, sondern eine ganze Dynastie zu Grabe getragen wurde. Ein Schicksal, das diversen Seitenlinien der Schulzes, Müllers und Schmidts womöglich auch noch bevorsteht.

---

*„Die Lehmann, aus Hessen stammend, sind eines guten Geschlechts*
*und führen im roten Felde 3 Eicheln,*
*die ein Wachstum der Familie bedeuten.*
*Einen gekrönten Helm, worauf abermals eine Eichel und*
*ein Hirschgeweih, das die Stärke und das Alter des Stammes darstellt.*
*Dieses Wappen erhielten sie unter Kaiser Friedrich dem III.*"

**Anno 1480**

Wir nehmen Abschied von

# Horst Lehmann

\* 20. November 1927         † 4. August 2012

Wir tragen die „Dynastie Lehmann-Eschenbach"
am Mittwoch, dem 22. August 2012 um 10.00 Uhr
auf dem St. Andreas/St. Markus-Friedhof, Konrad-Wolf-Straße 33/34
in 13055 Berlin zu Grabe.

---

Gottlob sind die Meiers noch in ausreichender Zahl vorhanden. Aber auch hier gilt es, die Familienehre zu retten.

*„Ein Meier gibt nicht auf"*

hast Du immer gesagt und bis zum Ende gekämpft.

Danke

Wir haben Dich lieb, Papa.

Viktoria, Anna und Liesa

Sie war und blieb die Tochter eines Generals

# Anneliese Maximiliane F

\* 19. Januar 1924 in Ulm    † 16. Mai 2010 im Glottertal

Wie die Anzeige für Anneliese Maximiliane F. zeigt, werden nicht nur bei Meiers eisern die Familientraditionen gepflegt.

---

Als ich Kind war, habe ich Dich bewundert, weil Du Ostern farbige Eier legen und im Benrather Schwimmbad die ganze Bahn tauchen konntest. Dann warst Du mein Bilderbuchonkel, weil Du alle Hits von Elvis kanntest und mir immer Dein Auto geliehen hast. Als ich studierte, hatte ich plötzlich jeden Monat 50 DM von Dir auf dem Konto. Dann hast Du in all' meinen Wohnungen die Waschmaschinen angeschlossen – und als Pia geboren wurde, da hattest Du für Hans ein richtiges Taschentuch . . .

## Mein lieber Onkel ist tot

Danke für Deine Liebe und die Erinnerungen

Deine Gabi

---

Doch nicht nur Vater, Mutter, Kind gehören zur Familie. Auch der Tanten und Onkel kann man gedenken. Bemerkenswerterweise gelingen gerade hier besonders schöne Porträts. Vielleicht weil ohnehin nur jemand für sie eine Anzeige schaltet, wenn er sie einfach mag – so wie Gabi ihren »Bilderbuchonkel«.

An Tante Heike erinnert Maraike nicht nur der Blick in den Sternenhimmel, sondern auch auf die Spülbürste. Glanz und Elend eines Tantenlebens lassen sich kaum anschaulicher auf den Punkt bringen.

# Liebe Tante Heike

Jetzt hast Du auch einen Stern am Himmel neben Deiner Mutter.
Jeden Abend können wir Euch sehen und werden an Dich denken.
Auch die Spülbürste wird uns jeden Tag erinnern.
Die schönen Zeiten werden in unseren Herzen weiterleben.
Es war wunderbar, einen kurzen Weg mit Dir zu gehen.

In tiefer Trauer „Dein Ersatzkind" Maraike
mit Mama und Wolfgang.

Meinem lieben
# „Ü-Ei" Onkel Frank
Ich werde die 14 Jahre nie vergessen.
Deine Ann-Kathrin (Änneken)

Ein beliebtes Mitbringsel für Nichten und Neffen sind die Überraschungseier, in denen sich allerlei Spielzeug aus unverwüstlichem Hartplastik befindet. Wer diese »Ü-Eier« lange genug ins Haus gebracht hat, schafft bleibende Erinnerungen.

Aber nicht nur zwischen den Generationen, auch unter Geschwistern ist der Zusammenhalt in der Familie wichtig. Dabei lässt das Motto für Rolf D. vermuten, dass da so manche Schwierigkeiten zu meistern waren.

Bruder bleibt Bruder

## Rolf D

\* 15.02.1942        † 08.02.2012

Ursula S
Hermann-Josef D            mit Brigitte
Gudrun S                mit Rudi
Hans-Joachim B                mit Christel
Helmut B            mit Petra
Ulli B

Auch wenn Matze im besten Mannesalter von ihnen gegangen ist, so kleiden seine Brüder ihre Trauer doch in ungewöhnlich lapidare Worte.

Nehren,

# Matze

**Matthias L**

29.1.1962        4.9.2012

Schnell - doch erlösend und friedlich.

Schade um Dich.

Deine Brüder:
Stefan L        und Kerstin E
Marc L

Termin für die Gedenkfeier
geben wir noch bekannt.

Mail: Matze_4.9.2012@web.de

Jungen, die von ein und derselben Brust genährt wurden, ohne miteinander blutsverwandt zu sein, nannte man früher »Milchbrüder«. In der Anzeige für Maximilian P. begegnet uns womöglich eine Variante davon, für die eingeschworenen Fans von Vampirfilmen und -romanen.

---

# Maximilian P

\* 2. 12. 1991      † 14. 7. 2010

Für immer Dein Beißbruder.

**Dein Paul**

---

31 Jahre im Diesseits, 31 Jahre im Jenseits, da wird es Zeit für Bruder Heinz, Bilanz zu ziehen. Auch wenn Außenstehende sich die Ereignisse nur mühsam zusammenreimen können, man erkennt: die Bilanz fällt sehr traurig aus.

Zum 31. Todestag

## Werner S

1949-1980
im Diesseits

1980-2011
im Jenseits

Lieber Werner, der Weg, den Du damals gewählt hast, hat außer Kummer und Tränen nichts gebracht. Erst seit Melanies Tod kann ich so richtig erfassen, was Mama und Papa gelitten haben. Grüße sie und Melanie samt Fleur von mir. Wir werden uns wiedersehen.

Dein Bruder Heinz

*Ich werde Dich nie vergessen*

# Volkmar S

\* 6. 10. 1938     † 23. 5. 2011

Die Beisetzung fand auf Wunsch
„Deiner Familie" ohne Deinen Bruder Thomas
am 9. Juni 2011 statt.

Durch Eheschließung kommt immer auch eine neue Familie hinzu. Manchmal verliert man bei dieser Gelegenheit aber auch die Verbindung zur alten.

## Günther
## H
† 12. 6. 2011

## Hanna
## H
† 30. 5. 2011

Da uns die Trauerpost bedauerlicher Weise von unseren Verwandten vorenthalten wurde, danken wir nachträglich allen, die sich in stiller Trauer mit uns verbunden fühlten.

### Reinhard und Heide W
geb. H

Hemmoor

Als besonders heikel gilt das Verhältnis zur Schwiegermutter. Umso erfreulicher ist es da, wenn man auf solche schwungvoll formulierten Anzeigen stößt wie die für Peter S.

1. Jahrgedächtnis

Zur Erinnerung an meinen Schwiegersohn

## Peter S

Dem liebenswertesten Schweinehund der Welt.

Unvergessen und nie zu ersetzen.

Deine Lieblingsschwiegermutter

Irgendwann muss es auch mal genug sein, wie unsere letzte Anzeige deutlich macht. Sogar als Mittelpunkt der Familie sollte einem daran gelegen sein, die Geduld seiner Lieben nicht allzu sehr zu strapazieren.

Nun ist endlich Schluss!

Der Mittelpunkt unserer Familie hat uns verlassen.

## Marga Marie Luise S

geb. L

\* 28. April 1919    † 20. Juni 2011

# 02

# »Sein Leben galt der Kartoffel«

## Berufliches und Geschäftliches

Neben der Familie bildet die Erwerbstätigkeit den zweiten großen Bezugspunkt im Leben. Daher widmen sich viele Anzeigen im Trauerrand dem Berufsleben. So mancher Dahingeschiedene hat hier Vortreffliches geleistet, das nun gewürdigt werden muss. So wie in unserer ersten Anzeige, in der sich ein Lebenswerk harmonisch zu einem Ganzen rundet. Was nicht zuletzt an dem appetitlichen Objekt liegt, dem sich Walter H. verschrieben hatte. Die Würdigung gipfelt in einem wuchtigen Satz, der uns so beeindruckt hat, dass wir ihn zur Kapitelüberschrift gemacht haben.

---

Am 8. Januar 2003 verstarb im Alter von 82 Jahren unser

Ehrenvorsitzender vom Verband der Kartoffelkaufleute Nord e. V. und Ehrenvorstandsmitglied im Zentralverband des Deutschen Kartoffelhandels e. V.

## Walter H

Herr H          war Mitbegründer unseres Verbandes und langjähriger Vorsitzender. Er hat mit seinem Wissen und Fachverstand der gesamten Kartoffelwirtschaft gedient. Sein Erfahrungsschatz und seine starke persönliche Willenskraft und Ausstrahlung werden in der deutschen Kartoffelwirtschaft eine große Lücke hinterlassen. Sein Leben galt der Kartoffel und den sich damit befassenden Verbänden und Institutionen, auch international.

Sein Andenken werden wir in Ehren halten.

Mitglieder, Vorstand und Geschäftsführung,
**Verband der Kartoffelkaufleute Nord e. V.**
**Zentralverband des Deutschen Kartoffelhandels e.V.**

---

Mit liebevoller Ironie wird hingegen das berufliche Engagement des Architekten Hubert B. bedacht. Aber diese Anzeige stammt ja auch von seiner Familie.

Man sieht sich immer zweimal ...

Nach dem ersten Treffen kannst Du Dich jetzt als Bauherr im Danach verwirklichen, zum Mond fliegen,
Deine Baugrube füllen
und vieles Weitere tun was Dir Spaß macht.

Bis bald in einem wohl isolierten, brandschutztechnisch einwandfreien Jenseits!

# Hubert β

Architekt
1956 – 2012

Freunde sind
Gottes Entschuldigung
für Verwandte.
(George Bernhard Shaw)

Du fehlst uns, Deiner Familie
Doris und Helmut, Saskia und Kilian
Herbert mit Familie
Ute und Roman mit Familie
Birgit und Paul mit Familie
Toni und Klaus mit Familie
und allen Freunden

Ein wenig missverständlich fällt die Bilanz von Prokurist Karl-Heinz H. aus, der offenbar mit großem Engagement dem Ruhestand entgegenstrebte.

Am Dienstag, den 11. Dezember 2007 verstarb unser Prokurist i. R.

# Karl-Heinz H

Herr H        gehörte unserem Unternehmen nahezu 48 Jahre bis zu seiner Pensionierung im März dieses Jahres an, für die er sich mit seiner ganzen Kraft als Prokurist eingesetzt hat. Er war kluger Ratgeber und Freund. Wir werden ihn nicht vergessen. Unsere Anteilnahme gilt seiner Frau und seiner Tochter.

In Trauer und Dankbarkeit nehmen wir Abschied.

Kurz und prägnant wie die Fernsehnach-
richten ist die Anzeige für Walter W., Chef
einer Produktionsgesellschaft.

Wir trauern um unseren Chef

# Walter W

Einen besseren konnten
wir uns nicht vorstellen.

**RTC-TVnews GmbH**
Die Mitarbeiter

Gleich in einer doppelten Doppelrolle wird
Gerhard M. gewürdigt. Nicht ohne Wehmut
fügen wir hinzu, dass eine solche Kombination in der heutigen Arbeitswelt immer seltener anzutreffen ist.

Wir trauern um den Gründer und Inhaber unseres Unternehmens

# Gerhard M

* 21.4.1939    † 20.8.2010

Er war Chef und Mensch zugleich. Mit großem Willen und hoher fachlicher
Kompetenz baute er seinen ZOO-MARKT in Darmstadt auf. Das Unternehmen war
der Mittelpunkt seines Lebens. Er stand allen bis zum Ende mit Rat und Tat zur
Seite. Wir werden ihm immer ein ehrendes Andenken bewahren.

Wir sind sehr traurig:
**Die Mitarbeiter des**
**ZOO-MARKT M          GmbH**

Vom »Chef und Mensch« führt eine direkte Linie zum »Freund und Cheftätowierer«. Denn auch im Tattoo-Studio muss es einen »Scheffi« geben, der Michi und Desi, Maiki und Maria, Tini und Matze und all den andern den rechten Weg weist. Und von dem werden sie sich auch nach seinem Ableben nicht abbringen lassen, wie die Anzeige verheißt.

Liebe Tattoo- und Piercing-Freunde,

für uns alle unerwartet und viel zu früh hat unser lieber Freund und Cheftätowierer

# Mirko (Scheffi)

\* 27. 6. 1980 † 27. 9. 2012

seine geliebte Tattoomaschine für immer ausgemacht.

R.I.P. Scheffi, mögen dir die Farben nie mehr ausgehen! Du warst einer der Besten in deinem Fach und hinterlässt eine Lücke, die nicht zu füllen ist.

Wir werden dein Vermächtnis ehren und Dirty Deeds in deinem Sinn und Gedenken weiterführen als erste Adresse für Tattoo und Piercing im Norden.

| | |
|---|---|
| Michi + Desi | Kristin + Jens |
| Maiki + Maria | Lars + Jens |
| Tini + Matze | Thorsten |
| René + Ina | Micha |
| Morti | Martin + Anja |
| Heiko + Anne | |

Müssen Mitarbeiter verabschiedet werden, greifen Unternehmen gerne zu standardisierten Lösungen, die überall und vor allem nirgends passen. Dennoch haben solche normierten Anzeigen auch ihre Vorzüge. Man muss sich nicht immer wieder aufs Neue einen Text abringen, der einen qualifizierten Mitarbeiter einen halben Vormittag von der Arbeit abhält – und am Ende genauso nichtssagend ausfällt. Zweitens lässt sich mit so einer stets gleichbleibenden Anzeige eindrucksvoll unter Beweis stellen, dass zumindest im Angesicht des Todes niemand bevorzugt wird. Und drittens gibt es ab einer bestimmten Menge vielleicht sogar Rabatt ...?

Wir erhielten die traurige Nachricht, dass am 13. Oktober 2010
der frühere Mitarbeiter der swb AG

# Nikolaus T

im Alter von 78 Jahren verstorben ist.

Herr T    war bis zum Eintritt in den Ruhestand 32 Jahre in
unserem Unternehmen beschäftigt.

Wir werden sein Andenken in Ehren halten.

**Vorstand, Betriebsrat und Mitarbeiter**
der
**swb**

---

Wir erhielten die traurige Nachricht, dass am 6. Oktober 2010
der frühere Mitarbeiter der swb AG

# Horst C

im Alter von 77 Jahren verstorben ist.

Herr C       war bis zum Eintritt in den Ruhestand 26 Jahre
in unserem Unternehmen beschäftigt.

Wir werden sein Andenken in Ehren halten.

**Vorstand, Betriebsrat und Mitarbeiter**
der
**swb**

---

Wir erhielten die traurige Nachricht, dass am 11. Oktober
2010 der frühere Mitarbeiter der swb AG

# Peter F

im Alter von 67 Jahren verstorben ist.

Herr F        war bis zum Eintritt in den Ruhestand 28
Jahre in unserem Unternehmen beschäftigt.

Wir werden sein Andenken in Ehren halten.

**Vorstand, Betriebsrat und Mitarbeiter**
der
**swb**

Unser Pensionär

# Herr Friedrich G

ist am 24. Februar 2010
im Alter von 99 Jahren verstorben.

Herr G      trat am 30. Mai 1945 als Elektro-Monteur
für die Straßenbeleuchtung in unser Unternehmen ein, wo er
bis zu seiner Pensionierung am 31. Mai 1975 tätig war.

In den 30 Jahren seiner Betriebszugehörigkeit
lernten wir den Verstorbenen als zuverlässigen
und beliebten Mitarbeiter kennen und schätzen.

Wir werden Herrn G      ein ehrendes Gedenken bewahren.

**HEAG Südhessische Energie AG**

**Vorstand**
**Betriebsrat und Belegschaft**

Doch nicht immer sind die durch vielfachen Gebrauch abgeschliffenen Formulierungen ganz ohne Risiko. So öffnet sich eine gewisse Glaubwürdigkeitslücke, wenn dem verdienten Elektromonteur Friedrich G. anlässlich seines jetzt erfolgten Ablebens ein »ehrendes Gedenken« bewahrt werden soll. Immerhin hat sich der 99-jährige G. vor 35 Jahren in den Ruhestand verabschiedet und dürfte nicht einmal den Dienstältesten in der Belegschaft bekannt sein.

Dass man sich von einem Mitarbeiter auch sehr warmherzig verabschieden kann, belegt die Anzeige für Gerhard S. Wieder einmal zeigt sich, dass es bei der Formulierung von Todesanzeigen kein Nachteil ist, wenn man den Verstorbenen persönlich gekannt hat.

† **Gerhard S** †

besucht uns nicht mehr, ... leider.

Mit tiefer Trauer müssen wir Abschied nehmen von einem engagierten und kollegialen Mitarbeiter. Kundenorientierung und Zuverlässigkeit zeichneten ihn aus, der Sonderbau war seine Spezialität. Mit Gerhard hatte ich schon in Nonnenhorn die Schulbank gedrückt. Gerhard hat bei uns eine Lücke hinterlassen.

In dankbarer Erinnerung werden wir „seine" Drehbank bei uns in Zukunft „Gerhard" nennen.

Nicht weniger sympathisch fällt die Würdigung für den »Fidel Castro« vom Büffet aus.

„Fidel Castro" war über 25 Jahre der uneingeschränkte Beherrscher der Uerige-Büffets und viele treue Gäste und Besucher haben ihn oft wegen seiner Schnelligkeit und seiner guten Laune bei der Arbeit bewundert, was er liebte und auch zu seinem Leben brauchte.

Trotz gesundheitlicher Probleme hat er sich in seiner Lebensfreude nicht einschränken lassen, was sollte ihm, als einem stolzen Portugiesen, passieren!

## Lino de Castro Pinto

\* 8.12.1943          † 29.12.2001

Lieber Fidel, Du hast Dir im Himmel bereits ein gutes Plätzchen verdient, denn der Herrgott kann nicht übersehen haben, was du alles hier auf Erden für uns getan hast.

Ebenso grafisch wie sprachlich gelungen finden wir den Abschiedsgruß an Autoverkäufer Rainer. Die Verbindung von Sternen und
Großem Wagen ist wirklich schwer zu überbieten. Und so fragen
wir uns: Was schalten die erst für eine Anzeige, wenn mal der Chef
in den Autoverkäuferhimmel auffährt?

## Dein Großer Wagen

Lieber Rainer, lange Jahre hast Du auf Deine besondere,
persönliche Art als Kollege und Mitarbeiter zum Gelingen
unserer Firma beigetragen.

Wenn jetzt da oben im Sternenhimmel die Sterne des
„Großen Wagen" besonders hell leuchten, wissen wir hier
unten, daß Du Dich darum gekümmert hast.

Mit großen Wagen kennst Du Dich ja aus!

Alles Gute da oben!

Deine Kollegen und Chefs

 Albert Steffens GmbH & Co. KG

Lötscher Weg
Nettetal

# Willy S

„einmalig"

\* 18.02.1929 † 28.07.2010

Ein treuer Freund und langjähriger Mitarbeiter ist, von Lichtstrahlen göttlicher Gnade geführt, über den großen Fluss des Lebens ans andere Ufer gebracht worden, er ist uns in die himmlische Heimat der jenseitigen Welt voraus gegangen.

Über 35 Jahre widmete Willy S seine ganze Kraft dem Wohl und dem Erfolg des Beleuchtungshauses R in Köln. Schon früh wurde er von den Inhabern als der stets vertrauenswürdige Vertreter der Geschäftsleitung eingesetzt. Sein unermüdlicher Einsatz, auch außerhalb der Öffnungszeiten, sein herausragendes Pflichtbewußtsein und die Loyalität zur Familie und Firma können nicht ausdrücklich genug hervor gehoben werden und haben zu einer tiefen freundschaftlichen Verbindung geführt. Es bleibt eine große Dankbarkeit und die Freude der Erinnerung an viele Jahre der Zusammenarbeit, seinen herrlichen Humor, seine unglaubliche Fähigkeit, jeder Lebenssituation mit einer entsprechenden Maßnahme zu begegnen, seine unerschütterliche Kampfkraft, Treue und Aufrichtigkeit.

Das, was er ist, wird immer sein, und dafür lebt er in den ewigen Weiten der Unendlichkeit und in unseren Herzen weiter.

**Gottfried Josef R**

Um Leuchtkörper geht es auch in der Anzeige für Willy S., was sogar noch näherliegt als bei einem Autohaus, denn Willy war in einem Beleuchtungshaus beschäftigt. Allerdings schwingt sich Inhaber Gottfried Josef R. zu einem ungleich kühneren Höhenflug auf, der ihn über die Sterne hinaus in die »ewigen Welten der Unendlichkeit« trägt. Albert Einstein soll sich die Frage gestellt haben, wie es wohl wäre, auf einem Lichtstrahl zu reiten. Vermutlich wäre man dann – wie Willy S. – in der Lage, »jeder Lebenssituation mit einer entsprechenden Maßnahme zu begegnen«.

Eher buchhalterische Qualitäten zeigt Uwe R., der geradezu vorbildlich Rechenschaft ablegt über Trauerfeier und Bestattung von Mitarbeiterin Verena S. Von der »überwältigenden« Präsenz der Belegschaft bis zur Gestaltung der Grabplatte ist hier eine Liebe zum Detail spürbar, wie man sie, zumindest in Todesanzeigen, nur noch selten antrifft.

---

Trauerfeier von Ihrer Mitarbeiterin, Verena S  , am Dienstag, 02. März 2010, ab 14.00 Uhr

Liebe Kolleginnen und Kollegen von Ihrer verstorbenen Mitarbeiterin Verena S  !

Ihre Präsenz an oben genannter Trauerfeier am Dienstag, 02. März 2010 ab 14.00 Uhr, auf dem Schweinfurter Hauptfriedhof, war überwältigend. Die Bankreihen nahezu vollumfänglich geschlossen, was auf über 200 Anwesende hindeutete.

Ferner haben sich 113 Beschäftigte, von der Stadtwerke Schweinfurt GmbH, in die an mich adressierte Kondolenzkarte eingetragen, welche mir noch am Dienstagabend, 02. März 2010, zugegangen ist.

Die beiliegenden zwei 100-Euro-Noten habe ich für den käuflichen Erwerb der bronzenen Buchstaben und Ziffern für das Urnengrab verwandt.

Sie haben sich hierdurch nun quasi unsterblich bei Ihr gemacht, zumindest materiell verewigt.

In der Hoffnung, hiermit in Ihrem Interesse gehandelt zu haben.

Die nun auf der Grabplatte eingebrachten Buchstaben und Ziffern ergeben folgendes Bild:

## *Verena S*
### *10. 8. 1968 - 21. 2. 2010*

Das restliche, von Ihnen für Verena's Grabpflege eingesammelte Geld, werde ich für Blumenschmuck zu Ostern und Pfingsten 2010 verwenden.

Uwe R , im März 2010

---

Du warst der erste Punker,
wir werden Dich vermissen.

## H.-J. M

In stiller Trauer:

**SPV-Geschäftsleitung
& Belegschaft**

Was unter den »Scheffs« der Cheftätowierer, das ist unter den Mitarbeitern der Punk. Nur selten wird vom Arbeitgeber gewürdigt, wenn ein Betriebsangehöriger zeitweilig Irokesenschnitt oder auffällige Sicherheitsnadeln in der Wange trug. Es sei denn, er hat für ein einschlägig bekanntes Musiklabel gearbeitet wie H.-J. M.

Steuerberater und auch Steuerberaterinnen werden meist wegen ihrer korrekten und nüchternen Art geschätzt. Umso überraschter sind wir, wenn mit einem Mal ganz andere Qualitäten gewürdigt werden.

Unsere kleine, süße Steuerberaterin

# Iris D
geb. K

\* 8. 9. 1953        † 11. 1. 2000

ist in einem Lebensabschnitt voller Glück und Zufriedenheit plötzlich gestorben.

Doch nicht nur Steuerberater haben ihre liebenswerten Seiten. Auch Gerichtsvollzieher können Eigenschaften entwickeln, die man landläufig bei ihnen nicht vermutet.

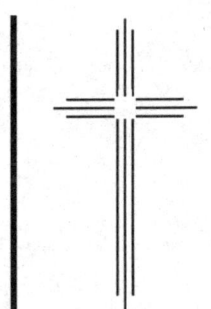

Humor und Frohsinn zu verbreiten, war sein Leben.

## Klaus S
**Obergerichtsvollzieher**

\* 9. 3. 1946        † 6. 9. 2010

Wir sind unendlich traurig:
**Ria S**        geb. O
Anverwandte und Freunde

Einen unverwüstlichen Sinn für Humor mag auch Thomas K. besessen haben. Doch wäre er vermutlich lieber mit einem Lächeln bei den Jungmalern Südhessen in Erinnerung geblieben.

**Du bist gegangen, dein Grinsen bleibt.**

In stiller Trauer nehmen wir Abschied von unserem Freund und Kollegen.

# Thomas K

geboren 29.10.1962
gegangen 10.01.2013

Wir werden dich vermissen, doch wirst du ewig in unserer Erinnerung bleiben.

*PRISMA*
Arbeitskreis Jungmaler Südhessen

Dass Unternehmen für ihre Kunden eine Todesanzeige schalten, ist die Ausnahme. Auch und gerade wenn sie in ihren Geschäftsräumen zu Tode kommen. Umso höher muss man es einem Geldinstitut aus Hannover anrechnen, dass es hier klare Worte findet und dabei auch nicht verschweigt, dass sich ein solcher Fall keineswegs zum ersten Mal ereignet hat. Wir wollen nur hoffen, dass sich die verbliebenen Kunden durch diese Offenheit nicht von einem Besuch der Geschäftsstelle Anderten haben abhalten lassen.

Bei einem Überfall auf unsere Geschäftsstelle Anderten wurde am Nachmittag des 27. Mai 1997 unser langjähriger Kunde

# Herr Johannes A

vom Täter auf brutale Art und Weise erschossen.
Dieser erneute Banküberfall mit Todesfolge hat uns zutiefst erschüttert. Unser aufrichtiges Mitgefühl gilt der Ehefrau, den Angehörigen und den Freunden des Verstorbenen.
In den vielen Jahren unserer Zusammenarbeit haben wir Herrn A     als einen liebenswürdigen Menschen kennengelernt, dem unsere Hochachtung galt.

Etwas zwiespältige Gefühle hinterlässt auch die Anzeige für den Berliner Autohausbesitzer Manfred v. H. Man kann sich des Mitgefühls nicht enthalten und wird doch auf sehr eigennützige Gedanken gebracht, wenn man den letzten Absatz (unten vergrößert) liest.

Nach einem arbeitsreichen, aufopferungsvollen und überaus bewegten Leben verstarb plötzlich und für uns alle noch unfassbar unser geliebter Großonkel, verehrter Firmengründer und geschätzter Freund

## Manfred v␣␣␣H

\* 26. August 1932 in Hirschberg
+ 18. Oktober 2010 in Berlin

**Du hast mehr für uns getan, als wir es in Worten beschreiben könnten.**

*In stiller Trauer, Familie Petra und Andreas v␣␣␣H␣␣␣Voller Anteilnahme, Geschäftsleitung und Belegschaft des Autohauses H*

Von schriftlichen und persönlichen Beileidsbekundungen bitten wir Abstand zu nehmen. Einem der letzten Wünsche unseres Firmengründers entsprechend, sind unsere Kunden und Freunde zum traditionellen Herbstfest am Samstag, 30. Oktober 2010, ins Autohaus H␣␣␣eingeladen.

In Anbetracht der durch den Todesfall verursachten schwierigen Geschäftssituation, findet zur Sicherung unserer kurzfristigen Liquidität voraussichtlich gleichzeitig ein Fahrzeug-Sonderverkauf mit drastischen Preisnachlässen statt.

Autohaus H␣␣␣, K␣␣␣-Straße 90, 130␣␣␣Berlin

In der Anzeige für Michel J. haben wir es gar mit einer Geschäftsaufgabe zu tun. Die lapidare Mitteilung kann einem die Tränen in die Augen treiben.

Liebe Kunden,

ich komme nicht mehr
samstags zum
Winterfeldplatz-Markt
zum Crêpes backen.

**Michel J**

\* 2. 5. 1951   † 22. 2. 2010

---

Wir nehmen Abschied von unserem verehrten ehemaligen Mitarbeiter und Freund

## Gerhard K

Gerde-Gerde
\* 9.6.1937   † 8.8.2011

Fast 30 Jahr lang war er für uns tätig.
Bei Wind und Wetter, bei Kälte, Schnee, Eis, Starkregen und Hitze tat er konsequent seinen Dienst auf den Friedhöfen. Seine Haltung und Einstellung waren legendär und er wird dadurch ein leuchtendes Vorbild für uns bleiben.

Er hat um die 20.000 Gräber für andere gegraben, und am Dienstag, dem 16. August 2011 verabschieden wir ihn um 14 Uhr auf dem Friedhof Berghausen und legen ihn in sein Grab.
Es wird ein Schönes sein.

**Leitung, Belegschaft und Freundeskreis
der TRAUERHILFE STIER**

Unser Kapitel wäre nicht vollständig, wenn wir nicht zumindest einen Vertreter darin aufnehmen würden, der beruflich mit dem Tod zu tun hat. Und so beschließen wir unser Thema mit der Anzeige für den Totengräber Gerhard K. Auf diese Weise sind wir vom Kartoffel- zum Gottesacker gelangt. Was auch schon wieder für den Lebensweg selbst stehen kann.

# 03

# »Otto ist tot«
## Grafisch gelungene Anzeigen

Die Gestaltung der Todesanzeigen war früher recht einheitlich. Ein dünnes schwarzes Kreuz war meist das einzige grafische Element, das diese Inserate schmückte. Vielleicht noch eine gebrochene Rose oder ein Herz. Das hat sich gründlich geändert. Heute sind einige Todesanzeigen nur noch am Trauerrand zu erkennen – und daran, dass darin ein Name steht (aber selbst der kann fehlen, wie einige Beispiele aus diesem Buch belegen). Vieles ist möglich, manches setzt uns in Erstaunen. Und so haben wir in diesem Kapitel diejenigen Stücke versammelt, die uns wegen ihrer grafischen Gestaltung beeindruckt haben.

Dabei wirkt unser erstes Exemplar recht unspektakulär. Aber gerade deshalb ist es besonders gut geeignet zu zeigen, wie stark sich die Anzeigen gewandelt haben. Statt eines Kreuzes ziert ein Strandkorb das Inserat für Uwe B. – und doch wirkt das Ganze stimmig und nicht im Mindesten pietätlos.

Der Strandkorb bleibt leer.

## Uwe B

\* 6. 8. 1935     † 25. 10. 2011

In Trauer
**Frank**

**Brunsbüttelhafen,**
den 12. November 2011

Das Kreuz ist aus den Anzeigen keineswegs verschwunden. Nur wird es gelegentlich spielerisch abgewandelt.

Voller Trauer nehmen wir Abschied von meiner Mutter, Schwiegermutter, unserer Großmutter, Schwester, Cousine und Tante.

# Maria B

\* 14.06.1920 Engelsdorf/Sudetengau

† 19.08.2012 Gundelfingen/Breisgau

Mit großem Respekt erkennen wir ihre enorme Lebensleistung an: von der Schmiedtochter zur Chefredakteurin einer Handarbeitszeitschrift. Jede Aufgabe erfüllte sie mit großer Disziplin und Pflichtbewusstsein. Sie war für andere stets da und gönnte sich selbst oft zu wenig.

In tiefer Dankbarkeit

Winfried und Sonja B                    mit Marc-Cornelius und Annina
und alle Anverwandten

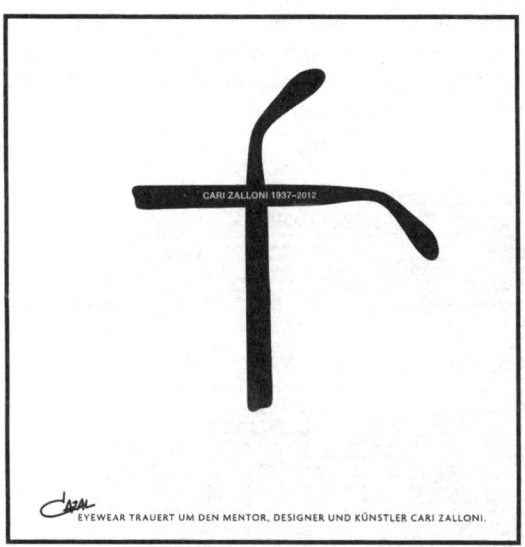

CARI ZALLONI 1937–2012

CAZAL EYEWEAR TRAUERT UM DEN MENTOR, DESIGNER UND KÜNSTLER CARI ZALLONI.

Erinnert euch an mich,
aber nicht an dunklen Tagen,
erinnert euch an mich
in strahlender Sonne
wie ich war,
als ich noch konnte.

... und wir hofften, wir hätten mehr Zeit.

# Hans E

* 19.10.1954          † 23.01.2013

Wir wussten, dass der Tag kommen wurde und doch ist
der Abschied sehr schwer.

**Angelika**
**Danni und Jan**
**Tina**
**Nicola**

Wer der Todesanzeige ein ungewöhnliches Design geben möchte, braucht keineswegs auf religiöse Motive zu verzichten. In der Anzeige für Manfred M. besteht sein Bildnis aus dem Vaterunser (für alle, die gerade keine Lupe zur Hand haben).

Vater unser im Himmel, geheiligt werde Dein Name. Dein Reich komme. Dein Wille geschehe, wie im Himmel so auf Erden. Unser tägliches Brot gib uns heute. Und vergib uns unsere Schuld, wie auch wir vergeben unseren Schuldigern. Und führe uns nicht in Versuchung, sondern erlöse uns von dem Bösen. Denn Dein ist das Reich und die Kraft und die Herrlichkeit in Ewigkeit. Amen. Vater unser im Himmel, geheiligt werde Dein Name. Dein Reich komme. Dein Wille geschehe, wie im Himmel so auf Erden. Unser tägliches Brot gib uns heute. Und vergib uns unsere Schuld, wie auch wir vergeben unseren Schuldigern. Und führe uns nicht in Versuchung, sondern erlöse uns von dem Bösen. Denn Dein ist das Reich und die Kraft und die Herrlichkeit in Ewigkeit. Amen. Vater unser im Himmel, geheiligt werde Dein Name. Dein Reich komme. Dein Wille geschehe, wie im Himmel so auf Erden. Unser tägliches Brot gib uns heute. Und vergib uns unsere Schuld, wie auch wir vergeben unseren Schuldigern. Und führe uns nicht in Versuchung, sondern erlöse uns von dem Bösen. Denn Dein ist das Reich und die Kraft und die Herrlichkeit in Ewigkeit. Amen. Vater unser im Himmel, geheiligt werde Dein Name. Dein Reich komme. Dein Wille geschehe, wie im Himmel so auf Erden. Unser tägliches Brot gib uns heute. Und vergib uns unsere Schuld, wie auch wir vergeben unseren Schuldigern. Und führe uns nicht in Versuchung, sondern erlöse uns von dem Bösen. Denn Dein ist das Reich und die Kraft und die Herrlichkeit in Ewigkeit. Amen. Vater unser im Himmel, geheiligt werde Dein Name. Dein Reich komme. Dein Wille geschehe, wie im Himmel so auf Erden. Unser tägliches Brot gib uns heute. Und vergib uns unsere Schuld, wie auch wir vergeben unseren Schuldigern. Und führe uns nicht in Versuchung, sondern erlöse uns von dem Bösen. Denn Dein ist das Reich und die Kraft und die Herrlichkeit in Ewigkeit. Amen. Vater unser im Himmel, geheiligt werde Dein Name. Dein Reich komme. Dein Wille geschehe, wie im Himmel so auf Erden. Unser tägliches Brot gib uns heute. Und vergib uns unsere Schuld, wie auch wir vergeben unseren Schuldigern. Und führe uns nicht in Versuchung, sondern erlöse uns von dem Bösen. Denn Dein ist das Reich und die Kraft und die Herrlichkeit in Ewigkeit. Amen. Vater unser im Himmel, geheiligt werde Dein Name. Dein Reich komme. Dein Wille geschehe, wie im Himmel so auf Erden. Unser tägliches Brot gib uns heute. Und vergib uns unsere Schuld, wie auch wir vergeben unseren Schuldigern. Und führe uns nicht in Versuchung, sondern erlöse uns von dem Bösen. Denn Dein ist das Reich und die Kraft und die Herrlichkeit in Ewigkeit. Amen. Vater unser im Himmel, geheiligt werde Dein Name. Dein Reich komme. Dein Wille geschehe, wie im Himmel so auf Erden. Unser tägliches Brot gib uns heute. Und vergib uns unsere Schuld, wie auch wir vergeben unseren Schuldigern. Und führe uns nicht in Versuchung, sondern erlöse uns von dem Bösen. Denn Dein ist das Reich und die Kraft und die Herrlichkeit in Ewigkeit. Amen. Vater unser im Himmel, geheiligt werde Dein Name. Dein Reich komme. Dein Wille geschehe, wie im Himmel so auf Erden. Unser tägliches Brot gib uns heute. Und vergib uns unsere Schuld, wie auch wir vergeben unseren Schuldigern. Und führe uns nicht in Versuchung, sondern erlöse uns von dem Bösen. Denn Dein ist das Reich und die Kraft und die Herrlichkeit in Ewigkeit. Amen. Vater unser im Himmel, geheiligt werde Dein Name. Dein Reich komme. Dein Wille geschehe, wie im Himmel so auf Erden. Unser tägliches Brot gib uns heute. Und vergib uns unsere Schuld, wie auch wir vergeben unseren Schuldigern. Und führe uns nicht in Versuchung, sondern erlöse uns von dem Bösen. Denn Dein ist das Reich und die Kraft und die Herrlichkeit in Ewigkeit. Amen. Vater unser im Himmel, geheiligt werde Dein Name. Dein Reich komme. Dein Wille geschehe, wie im Himmel so auf Erden. Unser tägliches Brot gib uns heute. Und vergib uns unsere Schuld, wie auch wir vergeben unseren Schuldigern. Und führe uns nicht in Versuchung, sondern erlöse uns von dem Bösen. Denn Dein ist das Reich und die Kraft und die Herrlichkeit in Ewigkeit. Amen. Vater unser im Himmel, geheiligt werde Dein Name. Dein Reich komme. Dein Wille geschehe, wie im Himmel so auf Erden. Unser tägliches Brot gib uns heute. Und vergib uns unsere Schuld, wie auch wir vergeben unseren Schuldigern. Und führe uns nicht in Versuchung, sondern erlöse uns von dem Bösen. Denn Dein ist das Reich und die Kraft und die Herrlichkeit in Ewigkeit. Amen.

# Manfred M
\* 1. September 1942   † 5. Februar 2011

Nach langem Kampf schloß sich sein Lebenskreis.
Die Beerdigung fand am 18. Februar im engsten Familienkreis statt.

In stiller Trauer, sein Sohn Markus

**Grü///////er**

Jürgen Hans
Bildhauer und Maler
∗ 26. November 1935    † 1. April 2008

Helge H

Judith G          -K
Jochen K
Severin K
Gereon K
Bruno K

Irma G

Traueranschrift: Jürgen Hans Grümmer,                    , 50        Köln

Wir verabschieden uns vom Grümmer am Mittwoch, dem 9. April 2008, um 12.30 Uhr in der Kartäuserkirche in Köln, Kartäusergasse 7. Anschließend ist die Beerdigung auf dem Südfriedhof.

Bei einem Maler und Bildhauer ist man bei der Gestaltung der Anzeige schon im Vorteil. Zumindest wenn man auf geeignete Bildmotive zurückgreifen kann wie die Hinterbliebenen von Jürgen Hans Grümmer. Sie haben mit dem Männchen, das einen Stuhl auf seinem Zeigefinger balanciert, einen besonders glücklichen Griff getan, finden wir.

## NINO

* 24.4.1955   † 6.12.2012

EIN UNANGEPASSTER

OHNE DICH IST ES KÄLTER
AUF DIESEM SELTSAMEN PLANETEN

Der unangepasste Nino verabschiedet sich mit einer sympathisch lässigen Zeichnung, in der sein Anderssein zum Ausdruck kommt.

Auch Marketingexperte und Unternehmensberater Siegfried A. Willing griff zu Lebzeiten offenbar gern zum Zeichenstift. Zumindest hinterließ er seinen Partnern auf dem Geschäftspapier eine bemerkenswerte Skizze.

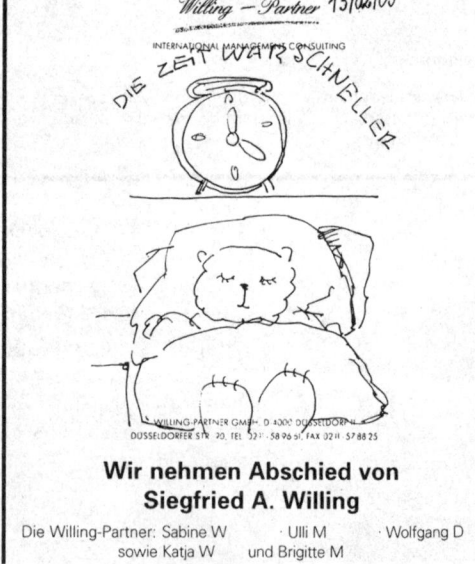

Willing – Partner 13/02/03

INTERNATIONAL MANAGEMENT CONSULTING

DIE ZEIT WAR SCHNELLER

WILLING-PARTNER GMBH · D 4000 DÜSSELDORF 11
DÜSSELDORFER STR. 20, TEL 0211 - 58 96 91 FAX 0211 57 88 25

### Wir nehmen Abschied von
### Siegfried A. Willing

Die Willing-Partner: Sabine W        · Ulli M        · Wolfgang D
                     sowie Katja W   und Brigitte M

Wir wissen nicht, ob Klaus B. ebenfalls gezeichnet hat (oder eher mit spitzem Bleistift gerechnet). In jedem Fall ist Hartmut B. ein ausdrucksstarkes Motiv für den Verstorbenen geglückt.

Käpt'n Pierre B. geht von Bord. Und wir ahnen, dass er ein netter, lockerer Typ gewesen ist.

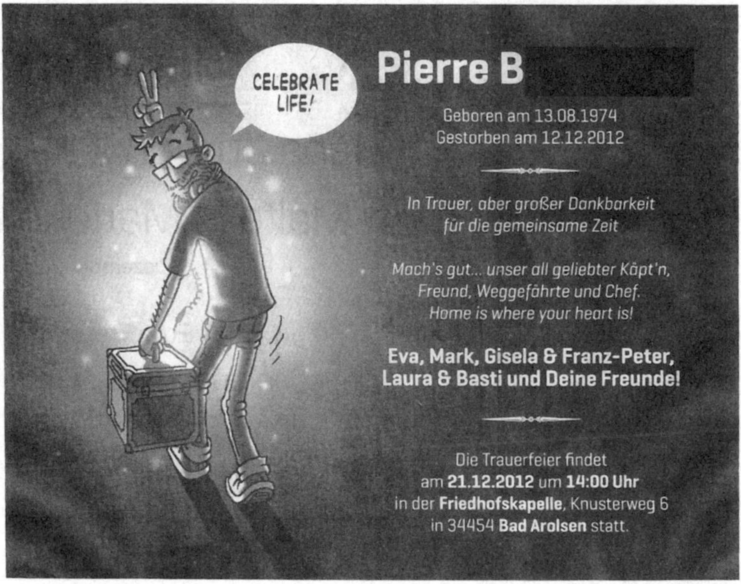

Mit dem hawaiianischen Surfergruß wird Karsten W. verabschiedet. Für immer.

Ein Origami-Kranich ziert die Anzeige von Dana M. In der japanischen Tradition ist er ein Symbol für ein langes Leben. Wer tausend Kraniche faltet, hat bei den Göttern einen Wunsch frei.

**Gute Reise**

Als Vielflieger bleibt hingegen Kollege Klaus in Erinnerung.

# Klaus

Deine Kollegen:
Adele, Dieter, Ingrid, Jutta, Lore,
Sabine, Sandra, Ulrike

Dass man die letzte Reise auch etwas gemächlicher angehen kann, zeigt die Anzeige für Bertold Wolfgang B. Der akkurate Wohnwagen lässt auf sehr geordnete Lebensverhältnisse schließen.

*Ich bin auf meine letzte Reise gegangen.*

## Bertold Wolfgang B

\* 23. Januar 1929   † 27. November 2012

Wir sind sehr traurig. Wir werden deine Liebe, deinen Humor und deine Geborgenheit vermissen. Du bleibst für immer in unseren Herzen.

# Albert Rajsek

geb. 8.6.1921   ✝23.1.2011

hat die Bühne des Lebens
verlassen und ist friedlich
von uns gegangen

in stiller Trauer

Silvia M
Sara S
Sonja L
Jan R
Enkel, Urenkel und Angehörige

Die Abdankung findet in der „alten Kirche
Boswil" statt, am Dienstag den
1. Februar 2011 um 15 Uhr,
in 5623 Boswil.

Der Schweizer Kunstglaser Albert Rajsek war zwar kein Bühnenkünstler. Doch hat er vor langen Jahren ein Altersheim für mittellose Künstler gegründet, das heute noch besteht. Insoweit ist es nur allzu verständlich, dass ihm ein eindrucksvoller Abgang bereitet wird.

Die Anzeige für Georg A. beeindruckt
durch ihre klare Struktur und Bildsprache.
Nur der Verstorbene tritt namentlich in
Erscheinung.

Die letzten Meter waren
die schwersten:

# GEORG A

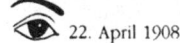 22. April 1908      27. November 2000

In Liebe und Freundschaft:
Deine Ehefrau
Dein Sohn
Deine Familie
Deine Verwandtschaft
Deine Freunde
Deine Kollegen
Deine Nachbarn

Die aber am Ziel sind
haben den Frieden.

Die Trauerfeier wird gehalten am Montag, dem 4. Dezember 2000, um 11.30 Uhr in der Kapelle des Südwestfriedhofes
(Ehrenfriedhof). Die Urnenbeisetzung erfolgt zu einem späteren Zeitpunkt im engsten Familienkreis.

Ein außergewöhnliches Piktogramm begegnet uns in der Anzeige für Rosa B. Auch der Begleittext zeugt von einer gewissen sachlichen Kühle.

**Rosa**
**B**

geborene Z

geboren am
29. September 1924

gestorben am
26. Februar 2004

Beerdigung am
02. März 2004
Friedhof Neu-Ulm
13.15 Uhr

Wir wären gern noch
eine Weile bei ihr
geblieben.

Aber das ließ sich
nicht einrichten.

Jetzt mussten wir
Abschied nehmen
von ihr

und das war nicht
leicht.

Herbert B          sen.
Herbert B          jun.
mit
Brigitte B
Helene und
Johann

Eine bemerkenswerte Gestaltung der Anzeige kann auch durch die Anordnung der Wörter gelingen. So öffnet sich in der Anzeige für die Mutter von Jan, Nina und Birgit nicht nur eine Lücke, sondern der Text wird zusammengehalten durch das eindringliche Fragewort »wo«.

Unsere          Mutter

**Ingrid          Bahr**

ist jetzt          anders

wo

Jan, Nina und Birgit

So viele Informationen mit so wenigen Elementen. Auf die schlichte Anzeige von Karin könnte mancher Profi neidisch werden.

**19. 1. 2011**  **Tom**

Du da oben

**Karin**

Ich da unten

**Wir hätten heute Goldene Hochzeit!**

Das Meisterstück kommt aber ganz am Schluss. Welcher Otto auch immer am 9. Dezember 2012 gestorben sein mag, seine Anzeige wird gewiss noch lange in Erinnerung bleiben.

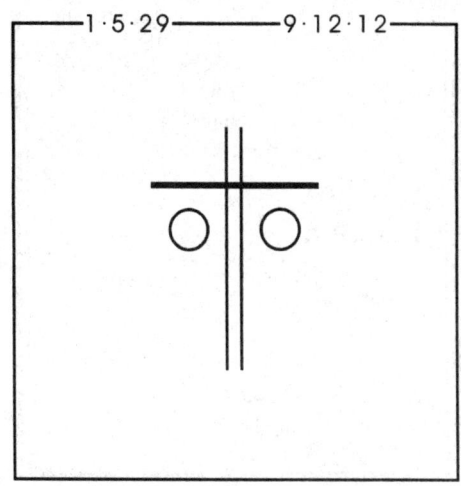

# 04

# »Ey man, was für'n Abschied«

## Gelungene und weniger gelungene Trauerfeiern

Zu einer klassischen Todesanzeige gehört der Hinweis auf die dazugehörige Trauerfeier. Wir erfahren, wo und wann sie stattfindet, wer kommen darf (Nachbarn, Freunde oder nur der »engste Familienkreis«) und ob im Anschluss noch die Beisetzung oder die Urnenbestattung erfolgt. Bei komplizierten Familienverhältnissen ist diese Zeremonie besonders schwer zu organisieren, wie wir noch sehen werden. In extremen Fällen kann die Trauerfeier zum alles beherrschenden Thema werden, das die Trauer selbst an den Rand drängt. Wie es bei unserer ersten Anzeige den Anschein hat.

Statt Karten

gehofft
gekämpft
und doch verloren

**Klaus S**

\* 27.03.1940   † 11.04.2008

In tiefer Trauerfeier

**Helga S**
und Familie

Der Herr hats gegeben,
der Herr hats genommen;
gelobt sei der Name des Herrn.

Hiob 1,21

Meine liebe, gute Tante, unsere Schwester, Schwägerin, Patin Tante und Großtante

# Elisabeth A

geb. S

\* 4. August 1894

ist nach kurzem, schwerem Leiden am 12. April 1978 verstorben.

In stiller Trauer:

**Heinrich A** , Klein-Bieberau
**und Angehörige**
**Fam. Jakob S** , Fürth-Ellenbach
**und Angehörige**
**Fam. Georg S** , New Hyde (USA)
**und Angehörige**

Die kirchliche Trauung findet am Samstag, 15. April 1978, um 14.00 Uhr auf dem Friedhof in Klein-Bieberau statt.

Taufe, Kommunion, Konfirmation, Eheschließung und Beerdigung – bei den wichtigen Stationen im Leben verzichten wir nur ungern auf den kirchlichen Segen. Sind die Gefühle jedoch allzu aufgewühlt, können die unterschiedlichen Feiern schon einmal durcheinandergeraten. Zumal bei einer Trauung manche Gäste ähnlich gestimmt sind wie bei einem Begräbnis und noch zu untersuchen wäre, bei welcher Gelegenheit mehr Tränen vergossen werden.

Dass mit der »kirchlichen Trauung« eigentlich die Trauerfeier gemeint ist, erschließt sich dem aufmerksamen Leser sofort (zumal wenn er den Veranstaltungsort zur Kenntnis nimmt). Weniger naheliegend erscheint der Zusammenhang von »Bestattung« und »Begeisterung«. Dabei gibt es doch kaum eine schönere Art heimzugehen, als im Kreise seiner Lieben in Hochstimmung beigesetzt zu werden. Wobei: Allzu ungetrübte Freude ist dann auch wieder verdächtig.

---

Je schöner und intensiver die Erinnerung, desto schwieriger ist die Trennung.
Aber die Dankbarkeit verwandelt die Qual der Erinnerung in stille Freude.
Man trägt das vorhandene Schöne nicht wie einen Stachel,
sondern wie ein kostbares Geschenk.

# Günther S

\* 6. 7. 1935      † 24. 4. 2011

**Schwanstetten**

        **Ursula S
Stephanie und Claus P
und Anverwandte**

Auf Wunsch des Verstorbenen hat die Begeisterung im engsten Familienkreis stattgefunden. Bitte keine Beileidsschreiben und Blumen.

Zumindest was die Kleiderordnung angeht, soll es bei der Trauerfeier für den »wahren Menschen« Günther B. eher leger zugehen. Das Prinzip »Jacke wie Hose« signalisiert: Es kommt hier nicht auf Äußerlichkeiten an.

---

Ein wahrer Mensch ist tot.

# Dr. Günther Giovanni (Hans) B

1948 – 2011
Meran – Erlangen

In christlicher Demut und Liebe.

Wir trauern sehr:
Lydia
Franka und Hannah
im Namen aller

Die Trauerfeier findet am Freitag, den 2. September 2011, um 16.00 Uhr im Bestattungshaus Utzmann, Marie-Curie-Straße 40 (Röthelheimpark), statt. – Wir freuen uns über Euer Kommen, seid mit bei uns während der Feier, im gemeinsamen Gedenken und Schmerz. Eure Trauer bekundet bitte zu einem späteren Zeitpunkt. Um die Einstellung „es ist Jacke wie Hose" wird gebeten.

---

Eher locker und entspannt dürfte es auch bei der Trauerfeier für den Schlagzeuger und Spaßvogel Heinz G. zugegangen sein. Dass seine Freunde zum »letzten Gig mit Body and Soul« einladen, lässt erahnen: Man kann sich auf einen »groovigen« Abschied gefasst machen.

Lieber

# Heinz G

als treuen Freund

## Schlagzeuger
und Spaßvogel

werden wir Dich sehr vermissen.          **Deine Freunde**

Dein letzter Gig – mit Body and Soul – ist am Freitag, 24. Juli 1987, um 9.00 Uhr, in der Trauerhalle des Hauptfriedhofes Mannheim.

Was dem Schlagzeuger und Spaßvogel
sein letzter Gig, das ist für den offenbar kunstsinnigen Rüdiger K. seine »Abschieds-Performance«. Die findet auch
nicht in einer friedhofseigenen Trauerhalle statt, sondern zu abendlicher Stunde
in einem Kinosaal.

---

Die Welt ist ärmer ohne ihn!

# Rüdiger K

\* 15. 3. 1952          † 26. 9. 2010

In tiefer Trauer
im Namen der Angehörigen und der vielen Freunde
**Elke M**

Die Abschieds-Performance findet am Samstag, dem 9. Oktober 2010, um 20.30 Uhr im
Kino im Sprengel, Klaus-Müller-Kilianweg 1 (Schaufelder Straße), Hannover-Nordstadt,
statt.

Anstelle von Blumen bitten wir auf Wunsch des Verstorbenen um eine Spende für den
Naturschutz an den BUND Kreisgruppe Hannover, Konto-Nr. 457 66 300, BLZ 250 100 30,
Postbank Hannover, Stichwort Rüdiger K

---

*Das wird mein Geschenk sein:*
*Wenn ihr bei Nacht den Himmel anschaut,*
*wird es euch sein, als lachten alle Sterne,*
*weil ich auf einem von ihnen wohne,*
*weil ich auf einem von ihnen lache.*
*Wenn ihr euch getröstet habt,*
*werdet ihr froh sein,*
*mich gekannt zu haben.*

*(A. de Saint-Exupéry)*

Heute verstarb nach schwerem Leiden
unsere Schwester, Schwägerin und Tante

# Ingrid O

Studiendirektorin i.R.

\* 20. Mai 1930    † 21. Oktober 2011

In Trauer und Zuversicht:

Edith und Dr. Lothar H
Allo und Karin O
Ilse und Gisbert S
und alle Anverwandten

Die Abschiedsfeier ist am Donnerstag, den 27. Oktober 2011
um 14 Uhr in der Turnhalle des Bestattungshauses P          ,
Großer Fledderweg 21, in Osnabrück.

Noch weniger als Kinosäle gelten Turnhallen als Orte der Stille und
inneren Einkehr. Wenn dort für Ingrid O. eine Trauerfeier abgehal-
ten wird, so spricht das schon einmal für eine unkonventionelle
Veranstaltung mit großem Platzbedarf. Aber was uns viel mehr
verblüfft, das ist der Umstand, dass es sich um die Turnhalle des Bestattungshauses handelt. Nun wird der Beruf des Bestatters in der
Öffentlichkeit nicht immer ausreichend gewürdigt. Doch dass die
Profis in Sachen Pietät sich auch körperlich so fit halten müssen,
dass sie eine eigene Turnhalle benötigen, damit hätten selbst wir
nicht gerechnet. Und schließlich gibt uns auch die Adresse der ungewöhnlichen Sportstätte ein wenig zu denken.

Wenn schon in Turnhallen getrauert wird, dann sind Trinklokale gewiss nicht weniger geeignet. Zumal wenn ein so lebenskluger Zechkumpan verabschiedet werden muss wie Fritz »Fitti« B., dessen letzter Bitte die Freunde sicher gerne nachkommen.

---

**Jede Zeit hat ihr Ende, jedes Ende seine Zeit.**

Behaltet mich in Erinnerung,
so wie ich war.

Wir haben einen Freund verloren

# Fritz "Fitti" B

Im Namen aller

**Helmut und HPR**

Um uns an die schönen Stunden mit ihm zu erinnern, wollen wir uns am Freitag, den 11.Februar 2011 ab 19 Uhr im "Kleinen Uerige" in der Mülheimer Altstadt treffen. Wir glauben, dass ein solcher Abschied ganz in seinem Sinne sein dürfte, denn

**"Quält euch nicht, ich mach das schon."**

---

*Ausruhen kann ich mich noch genug,*
*wenn ich bei unserem Herrgott bin.*

*(Katharina P    )*

# Katharina P

\* 22.04.1925 in Uckendorf

† 22.01.2012 im Krankenhaus Sieglar

Ein arbeitsreiches Leben hast Du gehabt in eurer Bäckerei.
Jeder im Dorf kannte dich und immer warst Du dabei.
Jetzt bist Du von uns gegangen. Man wollte dich verstreuen,
irgendwo und irgendwann und keiner sollte dabei sein.
Aber wir, deine alte Dorfgemeinschaft, haben dich mit
gemeinsamer Hilfe in deine Heimat Uckendorf zurückgeholt.
Du sollst, wie es immer dein Wunsch war, bei deinen Eltern
und deinem Bruder Hubert die letzte Ruhe finden.

In der Pfarrkirche „Zu den Sieben Schmerzen Mariens" halten
wir am Mittwoch, 8. Februar 2012, um 18.00 Uhr für dich das
Totengebet.

Die Exequien werden gefeiert am Donnerstag, 9. Februar um
10 Uhr. Anschließend werden wir dich auf dem Uckendorfer
Friedhof in eurem Familiengrab beisetzen.

**Abschied nehmen:**
**Freunde, Bekannte und Nachbarn**
**aus Uckendorf**

*Anstelle von Blumen empfehlen wir die Kollekte bei den*
*Exequien, die für die Bestattungskosten verwendet werden soll.*

Kondolenzadresse:    Katholischer Ortsausschuss Uckendorf,
Pfarrbüro Kirchweg 12, 53859 Niederkassel

Eine anrührende Geschichte erzählt die Anzeige für die Dorfbäcke-
rin Katharina P. aus dem rheinischen Uckendorf. Um ihr eine würdi-
ge Heimkehr an die Seite ihrer Familie zu ermöglichen, hat die alte
Dorfgemeinschaft noch einmal zusammengelegt.

Als höchst ungewöhnliche Leistung müssen wir es würdigen, wenn die Abschiedsfeier von der Hauptperson noch selbst organisiert wird. Dabei gelingt wohl nur ganz wenigen – wie der vorausschauenden Hildegard E. – eine veritable »Punktlandung«.

Es soll sich regen, schaffend handeln,
Erst sich gestalten, dann verwandeln;
Nur scheinbar steht's Momente still.
Das Ewige regt sich fort in allen;
Denn alles muss in Nichts zerfallen,
Wenn es im Sein beharren will.

Goethe, Eins und alles

Am 13. April 2011 ist

# Frau Hildegard E

verstorben.

Von Schicksalsschlägen oft berührt, hat sie ihr Leben stets geschickt gelenkt und selbstbestimmt geführt. Die letzten Wochen ihres erfüllten Lebens konnte sie im Elisabeth Hospiz in Lohmar und im Kreise ihrer alten und neuen Freunde wohlbehütet und in herzlicher Atmosphäre verbringen. Trotz ihrer schweren Krankheit hat sie mit besonderer Größe den „letzten Weg" sehr bewusst beschritten.

Auf den Punkt genau hat sie die Abschiedsfeier für ihre Freunde auf den von ihr erahnten letzten Lebenstag gelegt. Um so, umgeben von ihren Freunden und in warmherziger Atmosphäre, glücklich und zufrieden, Abschied zu nehmen. Mit dieser Feier war auch die letzte noch ausstehende organisatorische Aufgabe Ihrerseits vollbracht! Sie entschlief dankbar und mit ruhigem Herzen, denn sie wusste, ihre Freunde sind bei ihr. Wie sagte sie noch am Vortag so schön „es endet nie..."!

In Trauer bewegt, glücklich und erfreut, dass am Ende nicht der Schmerz sondern Geborgenheit, Herzlichkeit, Dankbarkeit und die Liebe des Momentes gesiegt haben.

**Familie Ralf T , Yvonne N und Claudia S**

Zum Gedenken findet am Dienstag, den 19. April 2011 die heilige Messe in St. Hubertus, Köln-Brück um 11.15 Uhr statt.

Nicht viele Worte machen hingegen die Hinterbliebenen von Ronald P. Namentlich treten sie erst gar nicht in Erscheinung und verzichten auch sonst auf jedes schmückende Beiwerk wie Sinnspruch, Traueradresse oder Lebensdaten. Das verleiht dieser Anzeige die emotionale Wärme eines Verkehrsschilds.

# Ronald P

Friedhof Ohlsdorf
am 11.12.2012 um 14 Uhr,
Kapelle 11

Gelegentlich ist bei Erscheinen der Anzeige noch unklar, wo, wann und wenn ja, dann wie die Trauerfeier stattfinden wird. Schließlich hat man ja auch noch andere Dinge zu tun. Und so gibt Michael S. allen interessierten Hinterbliebenen Gelegenheit, sich telefonisch über den aktuellen Stand der Planungen zu informieren.

# Gundi S
\* 27. 2. 1921      † 21. 3. 2011

wurde nach ihrem 90. Geburtstag durch ihr Ableben vor schwerem Leid bewahrt.

In Liebe und Dankbarkeit
**Michael S**    mit Familie

Wir wissen sie in Gottes Hand.

Wegen Zeit und Ort der Trauerfeier kontaktieren Sie mich bitte unter 01 76/20 97

Es kommt schon mal vor, dass die Trauerfeier verlegt werden muss. Ungewöhnlich jedoch, dass dies wegen einer Rallye geschieht wie in der Anzeige für Wolfgang S. Wir fragen uns, ob die Rennstrecke am Friedhof vorbeiführt, der dann für einen würdigen Abschied nicht mehr zur Verfügung steht. Oder ob die Trauergäste Gelegenheit bekommen sollen, an der traditionsreichen Motorsportveranstaltung noch teilzunehmen.

## Änderungsmitteilung

Die Trauerfeier für unseren lieben Verstorbenen

**Herrn**

# Wolfgang S

findet aufgrund der Osterburg-Rallye am Samstag, dem 23. Juni 2012 bereits um **12.30 Uhr** auf dem Friedhof in Niederpöllnitz statt.

**Elsa S**

Begräbnis und Trauerfeierlichkeiten können auch ganz entfallen. So wie bei Richard W., der mit stoischem Gleichmut aus dem Leben geschieden ist und als Aschehäufchen nur noch »entsorgt« werden soll. Auch wenn »all dies« auf Wunsch des Verstorbenen geschieht – da fröstelt es einen doch gewaltig.

*Comoedia finita est.*
(Kaiser Augustus auf seinem Sterbebett in Nola)

Dankbar für sein schönes Leben und noch frei von Altersbeschwerden hat

## Richard W

Dr. oec. HSG, Ex-Wirtschaftsberater

im 70. Lebensjahr mit Hilfe der Exit am 19. August 2006 sein Krebsleiden beendet.

Zum Abschiednehmen gab es viele Gelegenheiten. Ein Begräbnis entfällt. Der Körper wird verbrannt und die Asche entsorgt. All dies auf Wunsch des Verstorbenen.

Seine Krankheit, vom Hausarzt kompetent betreut, trug er mit Gleichmut.

Findet eine Trauerfeier statt, dann will sie gut geplant und organisiert sein. Schon Nachlässigkeiten im Detail können die ganze Zeremonie verderben. Zumindest wenn man die Blumengrüße so sehr mit Bedacht gewählt hat wie das Ehepaar G. in unserer obigen Anzeige. Die beauftragte Friedhofsgärtnerei hat das Gebinde zu spät angeliefert und auch noch den persönlichen Abschiedsgruß auf der Schleife eigenmächtig in die übliche Standardfloskel abgeändert. Keine Frage, da ist eine empörte »Nachruf-Berichtigung!« fällig.

**DANKEN**

möchte ich meiner Familie und all denen, die sich mir von **Herzen** verbunden fühlten und ihre **aufrichtige** Anteilnahme auf **liebevolle** Weise zum Ausdruck gebracht haben und nach wie vor bringen.

**UNFASSBAR**

erlebt haben zu müssen, was bei der Trauerfeier meines geliebten Torsten mit langer sinnleerer Rede und bei der Beisetzung inszeniert wurde.

**TORSTEN K**

**DANK**

sage ich von Herzen all denen, die zu Lebzeiten seinen Willen und seine Wünsche respektiert haben und ihm auch über den Tod hinaus in Liebe, Freundschaft, Wertschätzung und Sympathie einfach **Achtung** entgegengebracht haben.

**Ein besonderer DANK**

gilt Maik für seinen seeleberührenden Livegesang, der mit dem Titel „Run" die Liebe zwischen uns so passend untermalte. Das fast einzig Ehrvolle in den traurigen Stunden dieses schwarzen Freitags.

In tiefer Trauer: *CLAUDIA*

Große Unzufriedenheit spricht auch aus der obigen Anzeige. Doch ist es nicht der Blumenschmuck, der von Lebensgefährtin Claudia beanstandet wird, sondern die wenig substanzielle Grabrede. Wenn da nicht Maik einen »seeleberührenden Livegesang« angestimmt hätte, so wäre der »schwarze Freitag« wohl noch weit schwärzer geworden.

Und wenn bei der Feier wirklich alles glatt-geht, dann kann es immer noch gesche-hen, dass einem die Deutsche Bahn einen Strich durch die Rechnung macht, so wie bei Maria J. aus dem oberbayerischen Hö-henrain. Die abschließende Bemerkung, dass »nun auch keine Schlichtung« mehr helfe, spielt auf die Auseinandersetzungen um den Bahnhofsneubau »Stuttgart 21« an und zeigt, dass auch in Todesanzeigen tagesaktuelle Ereignisse ihre Platz finden können.

---

**DANKSAGUNG**

Ein herzliches „Vergelt's Gott" allen, die den Abschied von unserer lieben Verstorbenen

# Maria J
### geb. S
mitgestaltet und mitgefeiert haben.

Besonderer Dank gilt Herrn Pfarrer Dr. Martin C    für seine gleicher-maßen würdigen und einfühlsamen Worte, und Frau Luise M    für die Umrahmung des Gottesdienstes mit Orgelspiel und Gesang.

Vielen Dank auch an diejenigen, die mit uns noch beim Alten Wirt in Höhen-rain zu Tisch waren. Der Austausch zahlreicher, gerade auch heiterer Erinnerungen hat uns viel Kraft zuteil werden lassen.

Ein Dankeschön auch an die Firmen Walburga Klein, Josef Holzer und Blumenfenster, alle in Geretsried, und den Gasthof Alter Wirt in Höhenrain für die reibungslose Zusammenarbeit.

Leider hat die Deutsche Bahn die Anreise eines der nächsten Angehörigen durch Zugausfall und Verspätungen ab Stuttgart verhindert. Dem kann nun auch keine Schlichtung mehr abhelfen.

**Christoph J**
im Namen der Angehörigen

Doch nicht nur die Deutsche Bahn kann die Teilnahme an der Trauerfeier vereiteln. Wie der Nachruf für Vater Erich H. zeigt, kann auch der »letzte Befehl« einer recht soldatisch veranlagten Mutter noch nachwirken.

Dass man mit einer Feier auch rundum zufrieden sein kann, lassen die freundlichen Verse für Hertha R. erkennen. Ein Fest der Rosen in leuchtenden Farben, mit einem soliden Sarg – ebenso in Eiche wie das heimische Mobiliar. So einträchtig können sich Tod und Leben die Hände reichen.

# Geschüttelt und gerührt.

Ob geteiltes Leid tatsächlich halbes Leid ist?
Das vielleicht nicht gerade. Aber auf jeden Fall vermindertes.
Nur schon aus diesem Grund bedanken wir uns hiermit
ganz herzlich für all die lieben Worte und Gesten der mit uns
trauernden Freunde, Verwandten,
Bekannten und Unbekannten.

Die Anteilnahme war überwältigend.
Zahllose Hände haben wir geschüttelt. Und waren gerührt.
Durften bewegende Briefe, Karten, E-Mails und SMS lesen.
Uns von gedruckten und ausgestrahlten Statements und
Hommagen aufmuntern lassen. Blumen in Empfang nehmen.
Und Geldspenden weiterleiten.

Zu guter Letzt sind wir uns alle einig:
Wenn Ueli das hätte miterleben dürfen,
es wäre ihm zweifellos gegangen wie uns.
Er hätte geweint. Er hätte gelacht.
Und vor allem hätte er sich riesig gefreut.

Die Familie B

Mit einem unerwarteten Wortspiel bedankt sich Familie B. bei den Trauergästen. Auch wenn bei der Feier für Ueli vermutlich keine trockenen Martinis gereicht wurden, James Bond hätte diese Anzeige nicht besser formulieren können.

Ey man, was für'n Abschied.
Tolle Predigt Herr Nötzig ;-)
Steffi, Sabi, Mami und Dad
haben sich riesig gefreut.

Fand ich echt super,
dass Ihr alle da wart oder mir
ein paar Zeilen geschrieben habt.

Danke, dass Ihr Euch alle so lieb
um meine vier Schatzis kümmert.

Sie können es brauchen.

**Tschau Sandra :-)**

»Echt super« ist offenbar auch die Trauerfeier für Sandra gelaufen. Mit toller Predigt und vielen lieben Leuten. Man mag
kaum glauben, dass da jemand gestorben
ist, zumal sich hier die Tote selbst zu Wort
meldet und dem Pastor noch ein necki-
sches Augenzwinkern spendiert. Was der
sicher auch nicht alle Tage erlebt. Doch
können wir mit diesem bemerkenswerten
Stück zum nächsten Kapitel überleiten,
den immer beliebteren Selbstanzeigen.

# 05

# »Alle Menschen müssen sterben, vielleicht auch ich«

## Selbstanzeigen

Noch immer wirken sie ein wenig kurios, Anzeigen, die vom Verstorbenen selbst stammen, der uns über seinen Tod informiert und noch eine letzte Botschaft für uns parat hält. Dabei erfreuen sie sich nach unserem Eindruck steigender Beliebtheit. Vielleicht weil man zunehmend Sorge hat, ob die Angehörigen den richtigen Ton treffen, oder weil es gar keine Angehörigen mehr gibt, man aber doch noch ein paar Worte an die Nachwelt richten möchte. Dabei schwebt über manchen dieser Anzeigen der Verdacht, dass die Hinterbliebenen mehr oder weniger stark mitgewirkt haben. Denn nicht immer werden die Textbeiträge so gewissenhaft getrennt wie in der Anzeige von Jesuitenpater Albert K., der wir entnehmen, dass sein Todesdatum keineswegs von ihm selbst vorher schriftlich niedergelegt wurde.

---

### Persönliche Todesanzeige

bis auf das Todesdatum verfasst von

## P. Albert K        SJ

* 30. 4. 1932        † 5. 7. 2010

Ich bitte um Entschuldigung für vieles
und danke für alles.
Bis dann.

### Auf geht's

---

Die Abschiedsworte von Hertha B. sind hingegen sehr stark aus der Perspektive des hinterbliebenen Ehemannes formuliert.

> Ich, Hertha B      geb. K      , habe heute, am 12. Oktober 1993, die Pflege meines Mannes eingestellt, und zwar an meinem 71. Geburtstag hat mein Herz aufgehört zu schlagen; so habe ich mein Erdendasein beendet.
>
> Mein Körper steht der Anatomie zur Ausbildung junger Ärzte zur Verfügung. Da nun Blumen und Kränze entfallen, bitte ich um Spenden für die Kinderhilfe „Die Schwestern Maria" (Korea) auf das Konto der Postbank Essen, Konto-Nr. 444 444 431 (BLZ 360 100 43).
>
> Im Namen meiner Frau
>
> **Herbert B**

Bei der lebenslustigen Andrea P. sprudeln die Worte so munter hervor, dass sie gewiss von ihr selbst stammen. Man mag es kaum glauben, dass es ihr kurzzeitig die Sprache verschlagen hat.

> Allen meinen Bekannten, Kollegen, Kumpeln, Wingern, verwöhnten Gesetzeshütern, Sportlern und alten Freunden, die mir immer am Herzen lagen, doch besonders meiner alles geliebten Familie möchte ich Tschüss sagen
>
> eure
>
> # Andrea P
>
> Ich bin sprachlos,
> eigentlich nicht möglich!
>
> Es verstehen? Nein!
>
> Jedoch, jeder neue Tag beginnt mit einem Sonnenaufgang, drum sag ich euch, Kopf hoch, gebt Gas und genießt jeden Tag.

Auch Usch hat eher aufmunternde Worte für ihre Lieben parat. Die Zusicherung, dass ihr Leben »sau-gut« war, wirkt geradezu behaglich. Bei so einem Resümee möchte man sagen: Da kann man nicht meckern.

**Tschüß ihr Lieben.**

Danke für eure tolle Freundschaft und Zuwendung.

Nicht traurig sein –
mein Leben war sau-gut.

## Eure Usch
(D      geb. B    )

Die Urnenbeisetzung fand auf dem Friedhof Niendorf statt.

Sehr nahe geht uns die Anzeige für Renate B., bei der man vermuten darf, dass der Hinweis auf die Trauernden von der Verstorbenen selbst stammt. Denn welche Freunde und Nachbarn würden von sich behaupten, dass sie nur »ein paar« seien? In jedem Fall ist die Botschaft klar: Es hätten ruhig ein paar mehr sein dürfen, die da trauern.

Mein Leben ist zu Ende.

Ich bedanke und verabschiede mich bei allen, die mir auf Erden ehrlich zugetan waren.

# Renate B
* 13. 2. 1921          † 9. 7. 2002

**Es trauern:**
**Ein paar Freunde**
**ein paar Nachbarn**

> *Gott weiß, dass ich da bin, das genügt mir.*
> *auch wenn sonst kein Hahn nach mir kräht.*

## Peter Widmann

10. Juli 1950     20. August 2002

Noch weniger Anteilnahme vermutet Peter W., der sich immerhin bei Gott aufgehoben fühlt und seine Anzeige offenbar für alle Desinteressierten aufgegeben hat.

Als spurlos verschwunden begreift sich Elfriede E., die noch einen letzten, etwas beklemmenden Appell an die Nachwelt richtet.

> *Auch wenn ich keine Spuren hinterlasse;*
> *Ihr könntet dennoch nach mir suchen.*

## *Elfriede E*

*Die Beisetzung hat in aller Stille stattgefunden.*

Im Falle von Walter K. wird keine Spurensuche erforderlich sein. Denn er hat über den selbst gewählten Tod hinaus alles sorgfältig arrangiert. Und so sehen wir sie vor uns, die Enkelkinder, die den Sarg des Großvaters liebevoll bemalen, der in den kühlen Waldboden gesenkt wird; die jubilierenden Trauergäste in ihren farbenfrohen Gewändern mit einem Glas Wein und Wiesenblumen in der Hand, freundliche Menschen, die einem »guten Gespräch an der alten Kirchenmauer« nicht abgeneigt sind. Man spürt, wie Walter K. jedes Detail seines Heimgangs schon einmal durchgeschmeckt und für gut befunden hat. Und so hoffen wir, dass alles genauso gekommen ist, wie er es sich ausgemalt hat.

Statt meinen vergänglichen Leib mit Skalpellen und Sägen in eine ungewisse Zukunft zu retten, habe ich,

**Walter K**      , geboren am 23. Dezember 1925,
den Freitod gewählt
und bin am 28. September 2010 gestorben.

Mein vergänglicher Leib wird in dem von meinen Enkelkindern bunt bemalten Sarg der kühlen Waldeserde des Friedhofes Gossau ZH anvertraut. Anschliessend wird in der wundervollen reformierten Kirche zu Gossau ZH gedankt und jubiliert ob dem überreichen Leben, das mir geschenkt worden ist.

Mit Worten von Katharina H    , Pfarrerin, „Juchzet und singet" aus der Toggenburgermesse von Peter Roth, einem Glas Wein und guten Gesprächen an der alten Kirchenmauer für alle Gäste.

Zur schlichten Grabetragung im Waldfriedhof Gossau und zur Feier in der reformierten Kirche Gossau wünsche ich mir Gäste in farbenfrohen Gewändern und wenigen Wiesenblumen in der Hand.

Am Mittwoch, 6. Oktober 2010, um 13.30 h im Waldfriedhof, ausserhalb des Dorfes Gossau ZH, um 14.15 h in der reformierten Kirche im Dorf Gossau ZH.

Meine Nächsten
Cornelia Franziska und Ignacio D
Wolfgang Andreas K     und Leni N
Tamina und Tiffany K
Mirjam K    und Alexander F
Jordis und Bendix F
Ev B
und alle, die mich mochten oder auch mit mir aneckten.

Auf andere Weise alles arrangiert hat der durchtrainierte Hans K. Aus seinen Abschiedsworten spricht ein etwas eigenwilliger Humor, den wir überaus sympathisch finden.

**Hans K**
H     straße 81, 96     B

Liebe Freunde, Nachbarn und Mitbürger!

Eine Mitteilung nach meinem Tode, glaubt mir, keiner bedauert diesen Tod mehr als ich.

Seid glücklich und zufrieden, geht es Euch mit Sicherheit besser als dem Schreiber dieser Zeilen, der die Löffel abgegeben hat.
Schon immer wollte ich der Wissenschaft zum Wohle der Menschheit dienen!
Erst mit meinem Tod gelingt mir das: ich habe meinen Körper dem Anatomischen Institut vermacht. So können die studierenden jungen Männer und vor allem die jungen Frauen, lernen wie ein gut trainierter Körper aussehen sollte.
Beerdigung fällt aus!

Bleibt gesund, so gesund wie möglich.
Seid gegrüßt

Euer Hans K

---

Sehr abgeklärt und nüchtern tritt uns Ulrich S. entgegen. Er verabschiedet sich ohne Groll – und das trotz der wenig einfühlsamen Worte seines Kollegen.

Grüß Gott, sagte ich zu
meinem Kollegen,
grüße ihn wieder,
sagte er, du siehst ihn eher.
Er sollte Recht behalten!

Einer früher,
der andere später.
Ich eben jetzt.
Ohne Groll ... ehrlich!

So furchtbar lange werde ich tot sein.   *H. Mankell*

Nichts, was man fürchten müsste.   *J. Barnes*

# Ulrich S

\* 28. Juni 1951 in Prenzlau     † 23. Oktober 2011 in Hövelhof

Besuche: Ohne Blumen, mit einer Träne im Knopfloch.

In seltenen Fällen ist derjenige, der eine Selbstanzeige aufgibt, noch am Leben, wenn die Anzeige erscheint. Wie zum Beispiel Dieter S., der seinen Freunden und Bekannten letzte Gelegenheit geben möchte, sich von ihm zu verabschieden.

## Dieter S

*Ich möchte mich bei allen meinen Freunden und Bekannten verabschieden.*

*Ihr könnt mich im Knappschaftskrankenhaus Langendreer besuchen.*
*Ich liege im 13. Stock, Zimmer 19.*
*Ab Montag bin ich im Barbaraneum, Nordring 20.*

*Ich freue mich*
*wirklich über jeden Besuch!*

*Mir bleibt nicht mehr wirklich viel Zeit.*

*Euer*
### Dieter

Bei dem Spengler und Installateur Werner D. ist der Fall ein wenig verwickelt. Weil ein Namensvetter verstorben ist, glauben viele, er selbst sei betroffen. Daher sieht sich der Augsburger Handwerksmeister gezwungen, eine Todesanzeige aufzugeben, in der er erklärt, dass er noch am Leben ist. Und man ahnt: Das wird sich schnell herumsprechen.

## Ich sage Danke

Aufgrund einer namensgleichen Todesanzeige am Freitag, 5. Juni 2009, in der Augsburger Allgemeinen erhielt meine Familie zahlreiche Beileidsbezeigungen und viele nette und herzliche Worte.

## ABER ICH LEBE NOCH!

und ich wünsche mir, noch einige gesunde Jahre erleben zu dürfen. Auch um mich für Sie, meine geschätzten Kunden, noch lange mit meinem Rat und meiner Schaffenskraft einsetzen zu können.

Doch möchte ich nicht versäumen, der tatsächlich betroffenen Familie Pauline
D            mein Mitgefühl auszudrücken.

## Werner D
### Spengler- und Installateurmeister, Augsburg

## ICH BIN NICHT TÄTER, SONDERN OPFER DER TÄTER

Siegfried S

straße 42 · 90     Nürnberg

Eine Richtigstellung ganz anderer Art begegnet uns in der Anzeige von Siegfried S. Für den unbeteiligten Leser ist sie nur schwer zu deuten. Dazu fehlt ihm schlicht das »Täterwissen«. Aber gerade dadurch wird unsere Vorstellungskraft umso stärker angeregt.

---

*Hallo Schwesterherz,*

*wollte nur Danke sagen, dass Du immer - in guten und in weniger guten Zeiten - für mich da warst. Auch in Situationen, die für Dich nicht so akzeptabel waren ...*

*Jetzt werde ich von Wolke 7 auf Dich aufpassen und natürlich auch auf unseren Oli - Oli, ich bin unheimlich stolz auf Dich - und vergiss nicht, was Du mir versprochen hast ☺.*

*Liebe Grüße auch an Bernd - ich wünsche Euch vor allem Gesundheit. Und Schwesterherz nicht vergessen mir jede Woche eine E-mail zu schicken. Wir sehen uns wieder - ich drück Dich ganz fest.*

*Dein kleiner großer Bruder*
*www.heri-hu@wolke7.de*

---

Als Außenstehende fühlen wir uns auch bei der Anzeige des »kleinen großen Bruders« für sein »Schwesterherz«. Man fragt sich, warum der kleine große Bruder seine persönlichen Mitteilungen nicht als Brief übermittelt hat. Man darf vermuten: Gerade die anderen sollen diese traulichen Zeilen lesen.

Ich mach' mich jetzt vom Acker ...
denkt an mich!

# Änni C

geb. H

* 20. April 1926      † 1. Dezember 2010

Unmittelbar verständlich, ja geradezu ein-
gängig ist die letzte Mitteilung von Änni
C., die doch auch alles Wesentliche ent-
hält.

Diese Stille,
ich bin glücklich.

**Postinspektorin a.D.**

# Christel W

* 14. 6. 1937      † 10. 3. 2010

**Gerda S**                    , geb. W

Mehr auf sich selbst bezogen, doch nicht
weniger beruhigend sind die Abschiedsworte der ehemaligen Postinspektorin
Christel W.

Bei all den Worten, die wir über unsere Sterblichkeit verlieren – letztlich bleibt der eigene Tod für uns unbegreiflich. Diesen Gedanken kann man kaum besser formulieren als Josef H. in seiner Todesanzeige.

Alle Menschen müssen sterben,
vielleicht auch ich.

## Josef H

\* 15. 3. 1933     † 29. 9. 2007

Es verabschieden sich:

**Ehefrau Ella H    geb. B**
**Tochter Charlotte**
**und Schwiegersohn John B**
**mit Enkelsohn Ian**
**Geschwister Rosalia, Gertrud,**
**Klara und Katharina**
**Schwester M. A**
**Neffen, Nichten, Großneffen**
**und Toby**

Wäre Lehrerin Elisabeth F. nicht hochbetagt mit 91 Jahren von uns gegangen, so könnte ihr letzter Gruß etwas missverständlich erscheinen – als Botschaft an ihre Schüler.

Ich bin gestorben.

*Elisabeth Förster*

Lehrerin

\* 11. März 1921     † 20. Juni 2012

Freut euch des Lebens ...

**Willst du die Welt heller machen, mußt du entweder Elektriker oder Priester werden. Ich habe beides versucht!**

Jetzt bitte ich alle, verbunden war Tode erfahren, dass der barmherzige Vater seiner ewigen, lichtvollen mit denen ich im Leben und die von meinem um ihr Gebet, mich in das Reich Herrlichkeit aufnehme.

In herzlicher Dankbarkeit

## Pastor
## Karl-Heinz F

\* 6. Juni 1935        **15. Juli 1965**        † 3. September 2011
**Priesterweihe**

Das feierliche Auferstehungsamt wird am Montag, 12. September 2011, um 9.30 Uhr, in meiner Heimatkirche St. Konrad, 41468 Neuss (Gnadental), Konradstr. 33, gehalten. Die Beerdigung findet um 12.00 Uhr von der Kapelle des Heerdter Friedhofes aus statt, Schiesstr. 21, 40549 Düsseldorf. Anstelle freundlich zugedachter Kranz- und Blumenspenden, bitte ich um eine Spende für das Kloster Immaculata, Sparkasse Neuss, BLZ 305 500 00, Konto 103 127.

Wir haben dieses Kapitel mit der Anzeige eines Geistlichen begonnen. Also wollen wir es auch mit der Anzeige eines Geistlichen beschließen – wenngleich Pastor Karl-Heinz F. auch noch einen zweiten Beruf ausgeübt hat, der sich als ideale Ergänzung darstellt. Und das führt uns bereits zu unserem nächsten Kapitel, das dem »gemischten Doppel« jedweder Art gewidmet ist.

# 06

# »Wikingerhäuptling und Kirchenvorstand«

## Gemischtes Doppel

In diesem Kapitel wenden wir uns den Anzeigen zu, in denen irgendeine Art von Verdoppelung eine Rolle spielt: Doppelrollen, Doppelleben, doppeltes Motto, doppelte Anzeige und noch manches andere im Doppelpack. Dabei ist eines entscheidend: Erst durch die Verdoppelung bekommt die Anzeige ihren besonderen Dreh. So wie bei Anita K., die den Anfang macht, weil bei ihr der Buchstabe A eine herausragende Bedeutung hat, hier natürlich in seiner Verdoppelung. Und während der unbefangene Leser noch darüber nachgrübelt, ob hier vom Auswärtigen Amt, der Agentur für Arbeit oder dem Archäologischen Anzeiger die Rede ist, scheint eines sonnenklar: Wir haben es hier mit einer lupenreinen Wechselwirkung zu tun.

---

Wir nehmen Abschied von meiner Mutter, unserer Schwiegermutter, Oma und Uroma

## Anita K

\* 13. Januar 1922          † 10. Februar 2003

AA hat sie geprägt...          Sie hat AA geprägt.

Karin und Hartmut
Martina und Lilly-Sophie

Die Trauerfeier findet statt am Donnerstag, dem 20. Februar 2003, um 15.00 Uhr in der Kapelle 3 des Friedhofes Hamburg-Ohlsdorf.

---

Eine beliebte Form der Verdoppelung ist das doppelte Motto. Hier lassen sich eindrucksvolle Akzente setzen, Trennendes und Verbindendes gleichermaßen herausstellen. So bekommen die etwas pathetischen Worte von Franz Grillparzer erst durch Käthes Urteil ihren versöhnlichen Beiklang.

Das sind die Starken, die unter Tränen lachen,
eigene Sorgen verbergen und andere fröhlich machen.
(Franz Grillparzer)

„Es war schon schön."
(Käthe)

# Käthe H

\* 10. Oktober 1930    † 5. September 2011

Voller Dankbarkeit nehmen wir Abschied. In unseren Herzen wirst du weiter leben:

Bei Diplomkaufmann Jochen P. verhält es sich geradewegs andersherum. Neben dem poetisch hoffnungsvollen Motto aus dem südwestlichen Afrika steht ein böse schnarrender Satz, der uns aus manchen Gangsterfilmen vertraut ist. Und dem meist die Aufforderung folgt: »Werfen Sie die Waffe weg!«

*Hier kann man die Sterne pflücken*
– Namibia –

*Das Spiel ist aus*

Dipl. Kfm.

## Jochen P

\* 9. Februar 1940    † 29. August 2010

In Liebe und Dankbarkeit

Beide Zitate können auch aus ein und derselben Quelle stammen. Im Falle von Renate K. zeigt sich, dass die Angehörigen
deren letzte Worte mit bemerkenswerter
Sorgfalt dokumentiert haben.

*„Ich habe alles gesagt, Gott,*
*du kannst mich jetzt holen."*
*(Renate, 17. 4. 2012, 13.15 Uhr)*

*„Ganz schön hell und sonnig,*
*glaube ich, ist es da."*
*(Renate, 17. 4. 2012, 16.00 Uhr)*

## *Renate K*

*geb. B*

*\* 4. 2. 1939        † 18. 4. 2012*

*In lieber Erinnerung*

*Thomas und Kerstin K*
*mit Karolina und Anna*

*Angela und Olaf R*
*mit Rabea*

In einer überraschenden Doppelrolle wird
Berta K. gewürdigt.

---

Wir trauern um unsere blinde Nachbarin und Wanderkameradin

## Berta K

\* 13. 12. 1938    † 25. 10. 2007

die uns für so vieles die Augen geöffnet hat.

**Ursula K**          **Ingeborg M**
**Renate R**          **Christa S**

---

Mit dem Ableben von Ute E. hat Schwester Gabriela gleich einen doppelten Verlust zu beklagen.

# Ute E

geb. Frank E

50 Jahre warst Du mein Bruder und dann hatte ich eine Schwester.
Trotz allem vermisse ich schon jetzt beides.

### Deine Schwester Gabriela

Motorradfahrer und Uhrmacher stellen wir uns als recht unterschiedliche Charaktere vor. Und doch bewegte sich das Leben von Hans L. offenbar zwischen diesen beiden Polen, was durch zwei Vignetten liebevoll illustriert wird.

# Hans L

Nie mehr
Enduro fährt

\* 24. 12. 1934    † 1. 12. 2010

Nie mehr
Uhren macht

Es vermisst ihn und trauert
**Gisela S**
**Harry und Elsbeth L**
**Peter L      mit Familie**

Ein passionierter Sammler von Todesanzeigen wirft auch immer wieder einen Blick auf die Spalten mit den »Bestattungen«, die meist am Ende der Anzeigen erscheinen. Dort gibt es so interessante Berufsbezeichnungen zu entdecken wie bei Thomas S., die auf eine reizvolle Doppelbegabung hindeuten.

**Aetas Lebens- und Trauerkultur, Baldurstr. 39:**
15.30 **S**        Thomas, Hotelfachmann und
Paradiesvogel, 46 J.
Trauerfeier zur Feuerbestattung

Manchmal braucht es zwei Anzeigen, um einem interessanten Doppelleben auf die Spur zu kommen. Wie im Falle von Professor Dr. Dr. Knut S., der sowohl als kluger, kreativer Wikingerführer bleibende Verdienste erworben hat als auch in seiner Eigenschaft als Kirchenvorstand. Vielleicht war er erst das eine, um sich dann umso inbrünstiger auf das andere Amt zu werfen. Und doch: Allein wegen dieser Kombination hat Knut ein Extrapfund »Wortruhm« verdient.

---

*„Milder Prüfer der Mönche*
*Fördere seine Fahrt!"*
*Herrscher des hohen Himmels*
*Halte über KNUT Deine Hand!"*
(Aus Meerwogenlied)

# Prof. Dr. Dr. Knut S

\* 31. 1. 1937 † 20. 4. 2011

Unser kluger, kreativer Wikingerführer KNUT, begabter Musiker und Heilkünstler, Kenner und Erkunder der Weltenkreise ist zu neuen Ufern aufgebrochen.
Unsere andauernde Freundschaft und unser Wortruhm begleiten ihn.

**Odin   Odin   Odin**

Im Namen aller Wikingerfreunde
**Roger G**

---

*Meine Zeit steht in Deinen Händen.*
Psalm 31

Die St.-Jürgen-Kirchengemeinde Heide nimmt Abschied von

**Herrn Prof. Dr. med.**
**Knut Werner S**

Für seine Zeit des Dienstes im Kirchenvorstand in der
Legislaturperiode 1997 sind wir dankbar.
Wir trauern um ihn mit seiner Familie, wissen uns aber getröstet,
dass er nun bei Gott geborgen ist.

Für den Kirchenvorstand
**Sonja K**      , Pastorin B      , Pastor Dr. S

Während manche Menschen durch ihr Doppelleben für Aufsehen sorgen, scheint Herr Dieter N. doppelt verstorben zu sein. Vermutlich ist der Schmerz über seinen Verlust auch besonders tief.

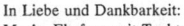

*Ein Leben, reich an Arbeit, Liebe und Güte, ging allzufrüh zu Ende.*

Plötzlich und unerwartet verstarb unser lieber Verstorbener

# Herr Dieter N

**Kaufmann aus C**

\* 29. 3. 1968    † 6. 3. 2011

In Liebe und Dankbarkeit:
**Maria**, Ehefrau, mit Tochter **Jennifer**
**Elisabeth N**    , Mutter
**Marion Z**    , Schwester, mit **Familie**
**Petra F**    , Schwester, mit **Familie**
**Claudia S**    , Schwester, mit **Familie**
**Christian N**    , Bruder, mit **Familie**
**Anna B**    , Schwiegermutter
**Josef B**    , Schwager, mit **Familie**
im Namen aller Angehörigen

Nicht weniger bitter ist die Anzeige für Henriette M., die nach Ansicht ihrer Hinterbliebenen so sehr leiden musste, dass ihr gleich ein doppeltes Sterbedatum zugedacht wird.

Der Herbst schickt seinen ersten Sturm.
An dem was ist, nagt schon der Wurm vergänglicher Zeit.
Die Blätter verwehen.
Auch du musst bald gehen, Mensch!
Bist du bereit?

Sie, die so beliebt war

# Henriette M

geb. H

\* 1. 2. 1934    † 20. 10. 2000 und 30. 1. 2010
Köln                Köln

Ihr Leben wurde durch ärztliches Versagen 2000 zerstört. Aber Liebe überwand den Tod. Jetzt war die Kraft zu Ende. Sie schlief einfach ein.

in 5 Kindern, 16 Enkeln und 11 Urenkeln lebt sie weiter. Neben diesen, dem Ehemann und Helga H        trauern auch alle sonstigen Verwandten, die lieben Helferinnen und Freunde um sie.

Jesus spricht: Wer an mich glaubt,
der wird leben, wenn er auch stirbt;
und wer da lebt und glaubt an mich,
der wird nimmermehr sterben. (Joh. 11, 25)

Denn Christus ist mein Leben und Sterben mein Gewinn
(Phil. 1, 21)

Der Herr, unser Gott, hat Großes getan: Meine geliebte Frau durfte das Ziel ihres
vorbildlichen Glaubenslebens erreichen und heimgehen in den Frieden ihres Heilandes. Nun ist sie bei Jesus. Preis sei dem Namen des Herrn!

## Anneliese Q

geb. F

geboren zum Sterben am 4. 11. 1929
gestorben zum Leben am 15. 3. 1995

Die Welt ist um ein Gotteskind ärmer geworden, der Himmel bereichert. Nach dem
Abschied in Liebe und Dankbarkeit freuen wir uns auf das Wiedersehen in der
Herrlichkeit.

**Kurt Q**

Wenn wir vom »gemischten Doppel« sprechen, darf das Thema Ehe
nicht fehlen, dem aber noch ein eigenes Kapitel gewidmet ist. Nur
selten befinden sich die Eheleute derart im Einklang, dass bei ihrem
Ableben ein und derselbe Text verwendet wird. Im Falle von Anneliese und Kurt Q. könnten wir uns vorstellen, dass Kurt die Anzeige
für Anneliese aufsetzte. Den Text hielt er für so gelungen, dass er
sich gedacht haben mag: »Den können wir bei meinem Ableben
doch noch einmal hernehmen.«

Jesus spricht: Wer an mich glaubt, der wird leben, wenn er auch stirbt;
und wer da lebt und glaubt an mich, der wird nimmermehr sterben.
(Joh. 11, 25)
Denn Christus ist mein Leben und sterben mein Gewinn. (Phil. 1, 21)

Der Herr, unser Gott, hat Großes getan: Mein geliebter Sohn, Vater und
Schwiegervater durfte das Ziel seines vorbildlichen Glaubenslebens
erreichen und heim gehen in den Frieden seines Heilandes.
Nun ist er bei Jesus. Preis sei dem Namen des Herrn!

# Kurt Q

geboren zum Sterben am 2. 6. 1926
gestorben zum Leben am 8. 7. 2000

Die Welt ist um ein Gotteskind ärmer geworden, der Himmel bereichert.
Nach dem Abschied in Liebe und Dankbarkeit freuen wir uns auf das
Wiedersehen in der Herrlichkeit.

**Maria Q**

Im »Doppelpack« ist das Ehepaar F. abgetreten, was die Hinterbliebenen mit einem schneidigen Zitat von Ulrich Tukur bedenken. Als erfahrener Schauspieler kennt der sich mit gelungenen Auftritten und Abgängen nun wahrlich aus.

Lieber ein zackiger Abgang als so'n ewig langes Rumgemäre.
Ulrich Tukur

## Christa F        + Günter F

† 1. 2. 2011        † 16. 11. 2011

Wir denken jeden Tag an Euch.

In Liebe und Dankbarkeit

Dagegen ist fast ein ganzes Menschenleben vergangen, ehe Erna B. ihrem Oswald nachfolgte. Die Angehörigen würdigen beide – mit einer ungewöhnlichen Todesanzeige in der Todesanzeige.

*„Mein bist du"*
*Spricht der Tod*
*Und will groß Meister sein.*
*Umsonst –*
*Mir hat mein Herr*
*Versprochen: Du bist mein.*
A. Goes

straße 33, 70771 LE-Oberaichen

# Erna B

geb. H

\* 5. Dezember 1914        † 10. September 2012

Unsere liebe Mutter, Schwiegermutter, Großmutter und Urgroßmutter durfte nach langer und tapfer ertragener Leidenszeit die Bürde ihres hohen Alters ablegen und in Frieden heimgehen. Wir verlieren in ihr einen aufrechten und unerschrockenen Menschen und sind dankbar, dass sie so lange bei uns sein durfte. Sie wird uns unvergessen bleiben.

Andenken an

# Oswald
# B

Geboren am 4.4.1914
in Röthges/Oberhessen

Gefallen am 15.9.1944
bei Lauska in Lettland

Er hat uns gefehlt.

In Liebe und Dankbarkeit
Brunhilde und Wilhelm Z
Marianne und Martin B
mit Jakob und Agnes
Dres. Johannes und Charlotte Z
mit Beat, Tom und Laura

Weniger klar liegen die Verhältnisse bei Gert und Gerdi. Womöglich ist Gert noch am Leben; immerhin befindet sich dieser Begriff in seiner Liste. Klar scheint immerhin, dass den beiden unterschiedliche Begriffe zugeordnet werden, deren innerer Zusammenhang sich nicht immer erschließt. Die Überschrift verheißt ein baumähnliches Wachstum, sodass zu erwarten ist, dass noch weitere Jahresringe folgen werden.

## 5. Jahresring

| Gert | Gerdi |
|------|-------|
| Regen | Sonne |
| Leben | Wasser |
| Tod | Trennung |
| Seele | Seelenwanderung |
| Gefühl | Körper |
| Lippen | Rot |
| Kälte | Tod |

# Gert

# Gerdi

Wenn wir uns an einen geliebten Menschen erinnern, so hat das oftmals zwei Seiten. Das kann man kaum treffender ausdrücken als Jupp.

Kein Tag ohne Lachen

# Mösch

† 21. 01. 2010

Kein Tag ohne Tränen

# Jupp

Unser kleiner Kämpfer ist
gesund und munter
in unserer Mitte gelandet.

*„Now I lay me down to sleep, I pray the Lord my soul to keep.
If I should die before I wake, I pray the Lord my soul to take."*
(child's bedtime prayer · 18th century)

Wir hätten Dich so gerne bei uns gehabt.

*Willow Grayson Chase*

14:16 Uhr   -   2.120g   -   48cm
geboren am 1. Oktober 2012

*Colson Humphrey Walker*

gestorben am 11. Juni 2012
geboren am 1. Oktober 2012

*Julia, Byron, Sam und Lou K*

Berührend ist auch unser letztes Exemplar: Von den beiden Zwillingen Will und
Cole ist nur der eine gesund und munter
bei seinen Eltern gelandet. Und so ist dieses Stück Geburts- und Todesanzeige zugleich.

# 07

# »Seine letzten Koordinaten«

## Zahlen und Daten

Todesanzeigen bestehen nicht nur aus mehr oder minder wohl-gesetzten Worten. Wie so häufig im Leben lohnt auch hier ein Blick auf die stets nüchternen Zahlen. Zunächst einmal lässt sich ihnen entnehmen, welches Alter der Verstorbene erreicht hat. Gerade bei völlig Unbekannten ist das eine sehr nützliche Information. Denn sie gibt uns einen gewissen Anhaltspunkt, wie viel Zeit uns selbst womöglich noch bleibt. Manche Anzeigen rufen da ein etwas mul-miges Gefühl hervor, andere hingegen vermitteln die tröstliche Aus-sicht, dass man auch als Mittfünfziger noch die Hälfte seines Lebens vor sich haben kann. In diesem Sinne dürfte unsere erste Anzeige Ihre gefühlte Lebenserwartung um ein paar Jahre nach oben korri-gieren.

---

Die älteste Hamburgerin verstarb mit 109 Jahren

## Anni B

geb. R

\* 1. August 1903          † 10. September 2012

Wir freuen uns mit Dir und trauern um Dich.
Schön, dass Du so lange bei uns warst und nie den Mut verloren hast.

Wir werden Dich vermissen
Greta B
Hendryk und Catherina B
Renate B
Anja und Thorsten H
Verena und Ingo B
Tobias, Tom, Nico, Jonathan

Die Trauerfeier mit anschließender Beisetzung findet statt, am Donnerstag, dem 20. September 2012, um 11.00 Uhr in der Kaplle 6 des Friedhofs Ohlsdorf.

---

Allerdings geht die Berechnung des Lebensalters nicht immer feh-
lerfrei vonstatten. Wie im Falle von Sportsmann Heinz S., dessen
Verein ihm gleich 13 ungelebte Jahre zugemessen hat. Man kann nur
hoffen, dass bei dieser krummen Aufrundung nicht der Kassenwart
der Wiesbadener seine Finger im Spiel gehabt hat.

Der SPORTVEREIN WIESBADEN 1899 e. V. trauert
um sein Ehrenmitglied

## Heinz S      ,

der am 17.07.1934 geboren wurde und am 22.09.2010
im Alter von 89 Jahren verstorben ist.

Im Falle von Dr. med. Amassia S. irritiert das stark schwankende Geburtsdatum. Allerdings erschließt es sich nur dem aufmerksamen
Zeitungsleser, der alle drei Anzeigen prüfend im Blick behält.

In memoriam

Das kostbarste Vermächtnis
eines Menschen ist die Spur,
die seine Liebe in unserem
Herzen zurückgelassen hat.

## Dr. med. A. S

\* 9. Januar 1999          † 9. Januar 2000

Es vergeht kein Tag ohne an Dich zu denken.

In memoriam

Das kostbarste Vermächtnis
eines Menschen ist die Spur,
die seine Liebe in unserem
Herzen zurückgelassen hat.

## Dr. med. A. S

\* 28. April 1937          † 9. Januar 1999

Es vergeht kein Tag ohne an Dich zu denken.

In memoriam

## Dr. med. Amassia S

\* 1. Juli 1940          † 9. Januar 1999

Deine Liebe bleibt unvergessen.

Nun lässt sich das Geburtsjahr der ersten Anzeige getrost ausschließen. Doch um einen bloßen Druckfehler dürfte es sich nicht handeln. Dazu sind die Daten in allen drei Anzeigen zu unterschiedlich. Was also steckt hinter den Variationen? Hat sich die Anzeigenannahme verhört, weil das Geburtsdatum aus Gründen der Diskretion stark vernuschelt wurde? Oder sollte es der Mediziner bei der Angabe seines Geburtsdatums nicht allzu genau genommen haben? Womöglich um mehrmals im Jahr Geburtstag zu feiern?

Weniger missverständlich erscheint die Anzeige für Peter W. Sie beschränkt sich gleich auf die Lebensjahre und lässt sie als Ornament um die Anzeige laufen. Dass neben der »2011« noch Platz bleibt, lässt uns vermuten: Es hätten für ihn durchaus noch ein paar Jahre mehr sein dürfen.

1937 38 39 40 41 42 43 44 45 46 47 48 49 50 51 52 53 54 55 56 57 58
59 60
61 Tieftraurig, daß ihn der Lebensmut verlassen hat, 62
63 geben wir den Tod meines Ehemanns, unseres Vaters, Bruders, 64
65 Opas, Onkels, Schwagers, Schwiegervaters 66
67 bekannt 68
69 70
71 Peter W 72
73 74
75 Margaretha W 76
77 Alexandra mit Daniel und Quentin 78
79 Marcel mit Steffi 80
81 Klaus, Jochem, Eckart mit Familien 82
83 84
85 Traueranschrift:                            , 5026 Salzburg, Österreich 86
87 Wir nehmen Abschied von dem Verstorbenen am Freitag, 24. Juni 2011 88
89 um 16:00 Uhr in der Trauerhalle des Bestattungsinstituts J 90
        , 5026 Salzburg.
91 Anstelle zugedachter Blumen oder Kränze bitten wir 92
93 um eine Spende an die Alzheimer Gesellschaft Wiesbaden e.V., 94
   Spendenkonto 132 050 740 | BLZ 510 500 15 | »Peter W    «
95 Die Urnenbeisetzung erfolgt zu einem späteren Zeitpunkt 96
97 im engsten Kreis in Köln. 98
99 DAS KOSTBARSTE VERMÄCHTNIS EINES MENSCHEN 00
01 IST DIE SPUR, DIE SEINE LIEBE IN UNSEREN HERZEN 02
03 ZURÜCKGELASSEN HAT. 04
05 06 07 08 09 10 2011

*Mich rief es an Bord –*
*und ich war Zuhause!*

*Heinz Reincke*
*(Ehrenmatrose)*

# Heini, lieber Freund und Ehrenmatrose!

Du hast Deine letzte Reise angetreten. Uns bleibt nur die
Erinnerung an 439 unvergeßliche Abende an Bord
und unsere Freundschaft.

### Deine Christa, Möbi
und DAS SCHIFF, Hamburgs Kulturdampfer

Nicht immer wird nach Jahren gerechnet.
Manchmal sind es die gemeinsam ver-
brachten Abende, die in dem letzten Gruß
gewürdigt werden. Welche Bedeutung sie
für die Hinterbliebenen gehabt haben,
ergibt sich aus dem Umstand, dass da
jemand offenbar ganz genau nachgezählt
hat.

In memoriam
## Sascha K
† 9.12.2003

Was ist ein Jahr?

   365 Morgen ohne einen Gruß
   365 Tage dich nicht sehen und berühren können
   253 Abende in gemütlicher Runde ohne deine Späße
    25 Samstage ohne deine Hilfe bei der Arbeit
    36 Sonntage beim Spiel ohne deine Vorlagen
   183 Momente stolz auf dich zu sein
     5 Geburtstage in der Familie
     1 Weihnachten ohne dich
= 1.233 Gründe dich zu vermissen

zu lang, zu viel und nicht schon ...!

In Liebe
**deine Familie und Freunde**

Es kann durchaus etwas Anrührendes haben, wenn jemand die Anzeige mit allerlei Zahlen anreichert. Etwa in der Liste für Sascha K., die exakt 1.233 Gründe aufführt, ihn zu vermissen. Darunter finden sich nicht nur Fußballsonntage, Familiengeburtstage und Weihnachten, sondern auch die etwas geheimnisvollen »183 Momente, stolz auf dich zu sein«. Was für Momente mögen das wohl sein, deren Ausbleiben man so zuverlässig beziffern kann? Und wie sähe wohl unsere eigene Jahresbilanz solcher Momente aus?

Dass solche Bilanzen nicht immer Ausdruck tiefen Mitgefühls sein müssen, zeigt die Anzeige für Willi T. Die Gewinn- und Verlustrechnung der Familie fällt doch recht frostig aus.

Bilanz
Zahlen addieren, rote und schwarze
gegeneinander aufgerechnet.
Gewinn und Verlust
in die Waagschale geworfen –
unterm Strich: Rote Zahlen – Verlust.
So nüchtern und einfach ist das Ende.

## Willi T
Wies-Eichen

Einen ausgeprägten Sinn für Zahlen, Doppelzahlen sogar, offenbaren die Hinterbliebenen von Vera F. Wie sie von der Lebenszahl zwei zur Nummer eins überleiten, das finden wir geradezu erstklassig.

Meine geliebte Ehefrau, unsere Mutter, Grossmutter und Urgrossmutter ist nicht mehr.
Wir sind unendlich traurig aber auch dankbar,
dass sie so sanft von ihren Altersbeschwerden erlöst wurde.

# Vera F
*18.6.1922 – 25.7.2010*

Die prägenden Eckpfeiler ihres langen und erfüllten Lebens sind Doppelzahlen. Sie wurde 22 geboren, hat 44 geheiratet, war 66 Jahre verheiratet und ist nun mit 88 von uns gegangen. Auch wenn die Zahl zwei einfach, doppelt, dreifach und vierfach ihr Leben so sehr mitbestimmt hat – für uns war sie, ist sie und bleibt sie die Nummer eins.

Dass mehr Daten nicht unbedingt mehr Klarheit stiften, zeigt die astronomisch inspirierte Erinnerungsanzeige für Wolfgang O. Der unbefangene Leser vermag sich gerade noch zusammenzureimen, dass sich an der Wende vom Oktober zum November 2010 drei Ereignisse jähren: Verlobung vor 45 Jahren, Heirat vor 30 Jahren, schon weniger klar ist, was vor 25 Jahren seinen Anfang nahm. Und dann meldet sich noch die Familie gesondert zu Wort. Da stehen wir etwas im Sternennebel.

Wenn die Sonne des Lebens untergeht
leuchten die Sterne der Erinnerung.

31. 10. 1965
31. 10. 2010

Ein Stern trägt Deinen Namen

# Wolfgang O

30. 10. 1970
30. 10. 2010

\* 23. 5. 1946      † 27. 6. 2008

☆      ☆      ☆

Bossi, Du fehlst uns allen!
**Deine Familie**

Irmgard O

1. 11. 1985
1. 11. 2010
*Danke*

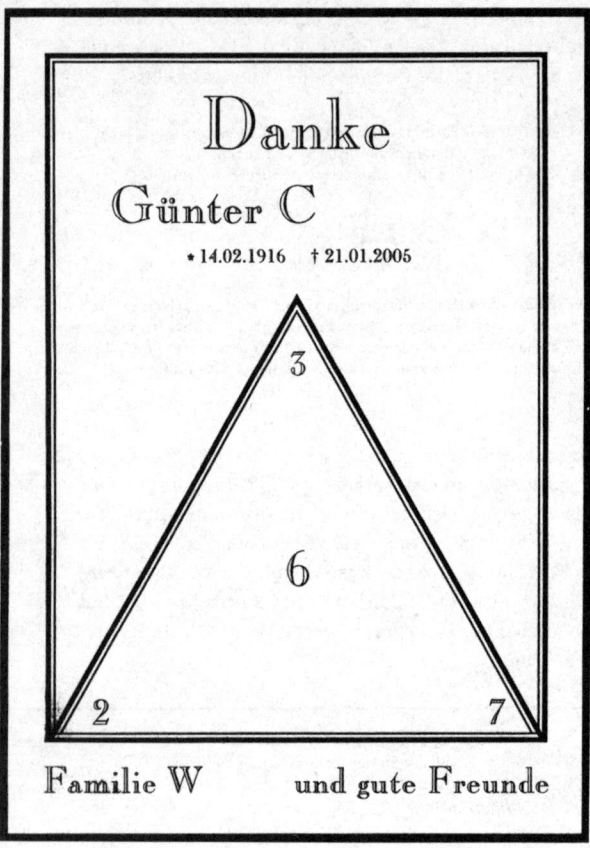

# Danke

## Günter C

★ 14.02.1916   † 21.01.2005

3

6

2                                    7

Familie W          und gute Freunde

Doch erst die irgendwie pyramidale Anzeige für Günter C. führt uns in das Reich der Zahlenmystik. Leser, die den Günter-Code geknackt haben, dürfen sich gerne beim Verlag melden.

Eine andere Art von Geheimnis birgt die Anzeige für den karten-spielenden Klaus. Vier Asse, fünf Freunde, da sollte eigentlich alles klar sein. Doch was hat es mit dem »letzten Blatt« auf sich? Und welcher Art sind die »vier Asse für die Ewigkeit«? Handelt es sich etwa um seine engsten Familienangehörigen? Sagen wir, Frau und drei Kinder? Aber mit denen spielt man doch nicht, schon gar nicht mit seinen fünf Freunden.

4 Asse – das war DEIN letztes Blatt
4 Asse – und trotzdem verloren
4 Asse – DEIN Platz bleibt nun leer
4 Asse – 5 Freunde sind sehr traurig

4 Asse für die Ewigkeit

# Klaus

† 11. November 2012

Zahlen in Todesanzeigen können auch der Ortsangabe dienen. Doch während sich die meisten auf Postleitzahl und Hausnummer beschränken, geht es in der Anzeige für Tüftler Udo K. ungleich präziser zur Sache. Seine letzte Ruhestätte wird nicht nur durch die Angabe von Reihe und Nummer auf dem Darmstädter Waldfriedhof bezeichnet. Auch die geografischen Maßzahlen am Ende der Anzeige beziehen sich auf diesen Ort. Und so ist man geneigt anzunehmen, dass es sich bei Thien, Richard, Ann Hi, Lachsi und all den andern um K.s Tüftlerkollegen handelt.

Wir trauern um unseren Freund

## Udo K

ein Tüftler, Bastler und liebevoller Mensch,
der niemandem zur Last fallen wollte.

Thien, Richard, Ann Hi & Lachsi,
Biggi, Harald, Rolf und Gerhard

Wir nehmen Abschied heute,
Samstag 6. März 2010 um 15:00h, Darmstadt,
Waldfriedhof, Urnengrab R14i, Reihe 24, Nr. 14

Seine letzten Koordinaten: http://home.arcor.de/edaconsult N49.87525, E8.6124

99

Und auch im Jenseits wird weiter durch-
nummeriert, um Ordnung zu schaffen.
Das legt zumindest die milde Ironie nahe,
die uns in der Anzeige für Heinz K. begegnet.

Er ist auf "Wolke Nr. 4791 mit Harfe" angekommen.

# Heinz K

\* 17. 8. 1919 † 16. 12. 2008

**Dr. Ulrich** und **Loni K**
**Dr. Kurt K**                    mit Familie
**Corinna E**          mit Familie
**Christopher K**

Wenn im Alltag von »den Zahlen« die Rede ist, dann geht es meist
um Geld. In Todesanzeigen wird über dieses Thema üblicherweise
ein dicker Schweigemantel gebreitet. Auch und gerade wenn sich die
Hinterbliebenen hauptsächlich damit befassen. Umso kostbarer erscheinen Exemplare, in denen sich finanzielle Anliegen, man möchte
sagen, ungehemmt Bahn brechen wie in unserem letzten Beispiel,
das mit Verve auf das Kapitel mit den »Hassanzeigen« überleitet.

**Nachruf**

Wir trauern um unsere verstorbene Schwester

# Agathe M

geb. S

Salzwedel 1995

Wir wünschen ihren Erben mit den 85 000 DM wenig Glück.

# 08

# »Irgendwann werden sie alle in der Hölle schmoren«

## Hassanzeigen

Vielleicht haben sie sich am weitesten von der traditionellen Trauer-anzeige entfernt: Annoncen, in denen Verachtung, Bitterkeit oder blanker Hass zum Ausdruck kommt. Immerhin sind es ja die letzten Worte, die man dem Verstorbenen mit auf den Weg gibt. Sie lassen sich später nicht mehr zurückholen. Und so schlucken manche ihren Ärger hinunter und retten sich in die unverfänglichen, nichtssagen-den Floskeln der Konvention. Darin liegt im Übrigen deren große Stärke: Man vergibt sich nichts und wahrt dennoch die Form.

Allerdings nutzen gar nicht so wenige den letzten Gruß für eine Abrechnung, einen schmerzhaften Seitenhieb oder zumindest einen bitteren Kommentar. Egal, in welcher Richtung: ob über den Ver-storbenen selbst, seine Angehörigen, die unfähigen Ärzte oder die verkommene Gesellschaft, in der wir heute leben. Nach unserem Eindruck tauchen solche Anzeigen jetzt häufiger auf. Was wohl we-niger daran liegt, dass sich die Leute immer weniger leiden können. Vielmehr ist es wie so oft bei den Todesanzeigen: Die Leute trauen sich mehr und die Zeitungen lassen immer mehr durchgehen. Einige Exemplare aus diesem Kapitel hätten früher, in den guten alten Zei-ten, gewiss nicht erscheinen dürfen. Un-sere erste Anzeige aus dem hessischen Semd schlägt da noch einen vergleichs-weise höflichen Ton an.

> Diejenige nette Person, welche kurz nach dem Tod meiner Frau das Gerücht in die Welt gesetzt hat, ich könnte den Sarg meiner Gattin nicht be-zahlen, darf mich gerne anru-fen.
>
> **Jörg Nicol B**
>
> Semd

Die Angehörigen von Theo Z. nutzen ein Zitat des altehrwürdigen Dichters Friedrich Rückert, um dem bösen Nachbarn kräftig eins überzubraten.

**Erst nach dem Nachbar schaue,
sodann das Haus dir baue!
Wenn der Nachbar ist ein Schuft,
so baust du dir eine Totengruft.**
(Friedrich Rückert, Gedichte)

In ewiger Erinnerung

# Theo Z

\* 7. Februar 1942    † 22. September 2011

In Liebe und Dankbarkeit nahmen wir Abschied von meinem herzensguten, langjährigen Lebensgefährten, der sich entschied, seinen Lebensweg zu beenden.

Für die aufrichtige Anteilnahme und die zahlreichen Beileidsbekundungen möchten wir unseren herzlichen Dank aussprechen.

Schwere Anklage gegen die angeheiratete Familie erhebt die Schwester des folgenden Verstorbenen, Elsbeth B. Die Worte legt sie ihrem Bruder in den Mund, wodurch die Sache erst den richtigen Schwung bekommt.

Ich hatte eine liebe Frau, als es mir gut ging,
ich hatte liebe Kinder, als es mir gut ging,
ich hatte eine angeheiratete Großfamilie, der es bei mir gut ging.
Doch dann kam die Krankheit und ich war allein.
Gnadenlos wurde ich aus meinem Haus entsorgt
und in einer billigen Verwahranstalt zum Sterben ausgelagert.
Doktor Tod missbrauchte mich für seine Versuche.

# Helmut G

\* 10.10.1945    † 04.12.2010

Er starb nicht an Parkinson, aber an gebrochenem Herzen,
Diese bigotte Familie gab ihm keine Chance.

**Elsbeth B**

Zum Gedenken an

# Hubert

**F**

\* 3. November 1952 † 18. November 2008

Das erste Jahr ohne dich:
Trauer. Verzweiflung, Verlassenheit – du fehlst!

Plötzlich für einige „gläubige Christen" nichts mehr wert.
Überflüssig, lästig, im Wege. Du hattest recht: Heuchelei!
Deine letzten Wünsche, dein Wille: gilt nicht.
Versprechen werden gebrochen. Wenn du das wüsstest!

Die Erinnerung an unsere gemeinsamen Jahre, geliebter Mann,
Kumpel, Vertrauter, die kann mir niemand nehmen. Ich habe dir Treue
bis zum eigenen Tod geschworen: Aus Achtung und Liebe zu dir.
Du warst der beste Ersatzvater und großartigste Opa für alle Kinder.

Ich danke dir!

Das Jahresseelenamt für dich und das Sechswochenseelenamt
für meinen Vater hielten wir am 14. November 2009 in der
St.-Marien-Kirche zu Sulingen ab.

Alle, die dich kannten und mochten, bitten wir um ein stilles Gebet.

**Deine Familie
Evelyn
Petra + Rene mit Marc, Joanne + Melina
Martina + Johannes mit Michelle + Maurice
Bettina + Nazeer mit Mirko, Lara und Yasemin**

Nach einem Jahr zieht Gattin Evelyn bittere Bilanz. Dabei wissen nur Eingeweihte, wer in dieser Zeit Trauer, Verzweiflung und Verlassenheit gesät hat. Doch immerhin klagt Evelyn nicht allein, sondern weiß eine treue Gefolgschaft von drei Familien hinter sich.

Weinet nicht an meinem Grabe,
stört mich nicht in meiner Ruh',
denkt was ich gelitten habe,
eh' ich schloss die Augen zu.

# Walter P

\* 27. 1. 1932 † 25. 3. 2007

Für mich unfassbar ist mein unendlich geliebter Mann verstorben.
Man hat ihn zu Tode gehetzt - ihm keine Luft zum Atmen gelassen.

„Die Rache ist mein, sprach der Herr."
Aber ich bin die Rächerin meines Mannes.

Deine dich ewig liebende Ehefrau

Siggi W

Die Beerdigung hat am Freitag, dem 30. März 2007 in Krefeld-Hüls stattgefunden.

Als Rächerin ihres Mannes betritt Siggi W. aus Krefeld die Szene. Seinerzeit hatte diese verstörende Annonce einen Bericht in der Lokalzeitung zur Folge. Dabei zeigte sich: Hinter der alttestamentarischen Drohung steckte kein Racheengel, sondern ein hilfloser Mensch, der auf vielleicht nicht ganz angemessene Weise seinem Schmerz Ausdruck gegeben hatte.

In einem emotionalen Ausnahmezustand dürften sich auch Mutter und Schwester von Maik-Hans K. befunden haben. Es stockt einem der Atem, auch wenn man nur ahnt, welchen Schicksalsschlag die beiden erlitten haben. Die Gebote, auf die hier Bezug genommen wird, lauten: »Du sollst nicht töten.« Und: »Du sollst nicht stehlen.« Das lässt auf ein Verbrechen schließen. Aber vielleicht stellt sich für Außenstehende der Fall auch ganz anders dar.

*Verflucht und verdammt
in alle Ewigkeit sind die und deren
Kinder und Kindeskinder,
die das 5. und 7. Gebot Gottes
mißbraucht und mißachtet haben.
Irgendwann werden sie alle in
der Hölle schmoren.*

# Maik-Hans K

\* 31.5.69   † 26.11.97

In ewiger Liebe
**Deine Mutter
und Deine Schwester**

Die pure Verzweiflung spricht aus der Anzeige, die Werner für seine Frau Siegried V. aufgegeben hat. Dass er Gott »nie verzeihen« wird, was geschehen ist, das ist schon starker Tobak. Doch gerade diese etwas groteske Umkehrung der Verhältnisse (normalerweise hofft man ja, dass Gott uns Sündern verzeiht) macht diese Anzeige so berührend.

---

Meine „Groscha" ist gegangen,
ganz leise ging Sie von mir fort.
Rufe ständig, Schmerz umfangen,
wo bist Du jetzt, an welchem Ort.

Werner

Ich bin durch das Schicksal gezwungen auf diesem Weg bekannt zu geben, dass meine liebe, geliebte Frau

# Siegried V

geb. K

am 5. Oktober 2011 verstorben ist.

Über ein Jahr lang hat Sie tapfer gegen den Krebs gekämpft und alle medizinischen Maßnahmen geduldig ertragen.

Diese liebe Frau hat in Ihrem Leben niemandem ein Leid angetan. Trotzdem wurde Sie von diesem heimtückischen Feind noch mit großen Schmerzen belegt und in Ihrem 61. Lebensjahr besiegt.
Das, Du Gott im Himmel (wenn es Dich dann gibt), das werde ich Dir nie verzeihen.

Es trauern:
Werner
Dani und Marc
Jenni, Alex mit Neele und Dan
Rolf und Edelgard
Dieter, Silvia mit Katharina
Michael und Renate
Elena, Benni mit Levin
Fabian
Stefan, Angelique mit Sebastian
Stefan, Katja mit Lienchen

# Paul B

\* 15. 9. 1933      † 20. 11. 2008

Gäbe es den Tod nicht,
wüssten wir nicht, was Leben heißt.
Wahrscheinlich hätten wir nicht einmal
einen Namen dafür.

Leben heißt Lieben,
aber man verwechsle Liebe
nicht mit Lust und Leidenschaft.
Liebe bedeutet jemanden zärtlich
umarmen können;
Liebe bedeutet Wärme und
Geborgenheit geben;
Liebe bedeutet auch da zu sein,
wenn der andere in Not ist;
Liebe bedeutet vor allem aber auch
den anderen zu achten.

Mit all diesen Dingen hattest du ein Leben lang
ein Problem. Die Grundrechte, vor allem Artikel
1 und 3, hat es für dich nicht gegeben. Auch wenn
ich nachvollziehen kann, warum du so warst und
warum du so geworden bist, so kann ich nicht
akzeptieren, dass du dich nie geändert hast, man hat
dir so viele Möglichkeiten dazu gegeben.

**Deine Tochter Freia-Maria**

K            , den 24. 11. 2008

Nicht auf die Zehn Gebote, sondern auf
die Grundrechte beruft sich Freia-Maria
bei ihrer Abrechnung mit ihrem Vater,
Paul B. Und wer es gerade nicht parat hat:
Artikel 1 und 3 betreffen die Menschen-
würde und das Prinzip der Gleichheit.

Bei der Gedächtnisanzeige für den Ober-
gefreiten Otto S. spürt man förmlich das
verächtliche Zucken von Manfreds Ober-
lippe. Wir hatten es ja schon geahnt, dass
Hitlers Soldaten nicht für Multikulti in den
Krieg gezogen sind.

---

Aus Anlaß des 50. Todestages von

# Obergefr. Otto S

vermißt am 23. 6. 1944 bei Witebsk
gestorben am 26. 10. 1944 in einem sowjetischen Lager

Er gab sein Leben für seine Heimat und für sein deutsches Vaterland; nicht für
eine multikulturelle Gesellschaft.

*Manfred S*

---

Auch die Anzeige für Gisela G. stellt unserer Gesellschaft kein gutes Zeugnis aus –
wenn auch aus einer völlig anderen Perspektive. Umso mehr verdient es unsere
Anerkennung, dass trotz der morschen,
zerfallenden Gesellschaft noch einige den
Mumm gehabt haben, sich menschenwürdig von Gisela G. zu verabschieden.

„Die Gesellschaft ist krank, ich leih' ihr meinen Stift", schrieb Erica Fischer
„Die Gesellschaft ist morsch", schrieb Fritz J. Raddatz in seinen Erinnerungen
„Die Gesellschaft ist nach rechts gerutscht", schrieb Günter Gaus im Freitag
„Die Gesellschaft zerfällt", schrieb Heide Simonis in „Kein Blatt vor dem Mund"

Allen, die in diesen Bedingungen trotzdem
versucht haben, menschenwürdig Abschied
von meiner Mutter zu nehmen, danke ich

**Gisela G**

Rita Hajdu G
Simona Rita H
Simona L

> Wer auch immer Dich gerufen hat -
>
> der kranke Kopf,
> das schlechte Herz
> und die schwarze Seele
> werden sie ganz langsam auffressen!
>
> Das verspreche ich Dir!

Auch wenn nicht ganz klar ist, wer hier wen verspeist – die obige Anzeige wirkt geradezu beängstigend. Dass keine Namen genannt sind, macht die Sache auch nicht besser, sondern eher noch beklemmender.

Mit den »Verantwortlichen« rechnet die Familie von Brunhild R. ab und präsentiert ein ungewöhnliches Schriftstück.

> Ich habe nicht
> betrogen!
>
> HL, d. 08.02.2000
>
> B. R...

> An die Verantwortlichen!
>
> ## Brunhild R
>
> * 24. 9. 1944    † 12. 2. 2000
>
> **Die Familie**

Es ist vor allem das medizinische Personal, das in Todesanzeigen angefeindet wird. So wie bei Rolf W., der als Opfer »ärztlicher Überredungskunst« betrauert wird.

Sein Tod basiert auf die Überredungskunst der Ärzte in einer Bremer Klinik. Er wurde überredet, ein anderes Medikament zu nehmen, obwohl er mit dem bisher angewandten Medikament seit etlichen Jahren sehr gut zurechtkam. Er hat aber im Endeffekt den Ärzten vertraut. Das war sein Todesurteil, weil sein Körper dieses von den Ärzten angepriesene Medikament nicht vertragen hat. Es war eine Fehleinschätzung der Ärzte... Für ihn bedeutete es eine lange Zeit der Qual.

# Rolf W

geb. 03.06.1944      gest. 14.11.2010

Vor dem langsam und qualvoll Sterbenden stehen zu müssen und nicht helfen zu können, ist grausam. Wir sind sehr traurig, den geliebten Menschen nie wieder bei uns zu haben und werden noch lange unter dieser Situation leiden.

Die Mama von Luna Talisa K. wählt eine recht elegante Methode, um ihre Zweifel an der Kompetenz der behandelnden Ärzte auszudrücken.

Wenn ein Arzt hinter dem Sarg seines Patienten geht, so folgt manchmal tatsächlich die Ursache der Wirkung.
Robert Koch

In Memoriam

# Luna Talisa K

*23.8.1995      †8.3.2009

Deine Mama

Gemischte Gefühle hinterlässt die Anzeige für Hans-Rolf S. Wir fragen uns besorgt, was das für eine Operation gewesen sein mag. Fast könnte man annehmen, dass ihr »Gelingen« etwas mit den »weniger guten Seiten« von S. zu tun hat. Doch wahrscheinlich werden hier wieder einmal sarkastisch die Ärzte aufs Korn genommen.

OP geglückt - Patient tot.

# Hans-Rolf S

\* 8. 11. 1943     † 28. 1. 2011

Wir werden Dich mit all deinen guten
und weniger guten Seiten nie vergessen.

Heide mit Purzel
Marco und Ute

Auch Wilfried G. hat unter den »Halbgöttern in Weiß« leiden müssen. Für sein vierwöchiges Martyrium findet seine Schwester eine ungewöhnliche Formulierung.

## WARUM?

Halbgötter in Weiß – sind auch nur Menschen!!

Mein Bruder

# Wilfried G

geb. am 14.10.48 ist tot.

Er wurde gestorben vom 23.8.12–19.9.12.

Gestärkt durch das Sakrament der Krankensalbung hat unser Herr über Leben und Tod ihn auch mit nur einem Bein am 22.9.12 in seine Arme geschlossen.

Unendlich traurig und fassungslos

Dass auch Ärzte nicht immer gut behandelt werden, zeigt die Anzeige für Dr. Roland B. Seine Angehörigen bringen es mit ebenso schlichten wie drastischen Worten auf den Punkt.

**Zum 6. Todestag**

# MR DR.ROLAND B

**Chefarzt a. D.**
**Facharzt für Gynäkologie und Geburtshilfe**
**Facharzt für Chirurgie**

geb. 29. April 1925
gest. 11. September 2004

Verklappt in fremder See, Fern seiner Tochter.
Herzlos. Würdelos. Lieblos.

**Martin B**
für die Familie

Berlin - Elsterwerda - Sonneberg

Zu einer lyrischen Ausdrucksweise drängt es die Freunde von Herrn Werner A. Ihre »Windmühlen in der Nacht« erheben allerdings bittere Anklage, vermutlich gegen A.s Angehörige.

## *Windmühlen in der Nacht*

*Menschen, glaubend zu wissen*
*Ursächlich verantwortlich für unsägliches Leid*
*Vergessend das eigene Gewissen*
*Verraten den letzten Funken der Menschlichkeit*
*für Herrn Werner A*

*Im tiefsten Bedauern verabschieden wir uns von*

# *Herrn Werner A*

*den wir mit hohem Respekt in Erinnerung behalten werden.*

Dass schöne Worte den Schmerz noch verstärken können, zeigt die Gedenkanzeige für Melanie S. Wer die Trauer nicht mitempfindet, der sollte sich mit guten Ratschlägen zurückhalten. Sonst empfindet man seinen Zuspruch nicht als Trost, sondern als »Blabla«.

---

Zum 2. Todestag

## Melanie S

\* 23. Dezember 1969     † 6. Januar 2007

Die Ahnungslosen und die Blabla-Köpfe
sagen, dass die Zeit alle Wunden heile.
Aber du, Claudia und ich wissen es besser.

Dein Papa

---

Unsere letzte Anzeige leitet schon auf das nächste Kapitel über, das den Gedichten gewidmet ist. So schmiedet Hans-Jürgen S. zum zweiten Todestag seines Vaters ein paar biedere Reime. Doch umso wirkungsvoller bricht dann eine zornige Nachbemerkung aus ihm heraus.

Zum 2. Jahresgedächtnis

## Hans S

\*10.01.1931   †09.09.2006

Zwei Jahre ohne Dich.
Man sagt, die Zeit heilt alle Wunden,
wir haben sie noch nicht gefunden.

Du hast ein gutes Herz besessen,
nun ruht es still und unvergessen.

**HAB DANK für Deine Lieb' und Müh';
in unseren Herzen stirbst Du nie.**

Dein Sohn Hans-Jürgen
Schwiegertochter Petra
und Enkel Dominic Alexander

„UND ANDERE SCHEIßEN AUF DEIN LEBENSWERK"

# 09

# »Der Nihilist mag brüll und schlagen«

## Lyrische Höhenflüge

Wenn in Todesanzeigen Gedichte auftauchen, dann greift der Sammler schon mal vorsorglich zur Schere, um das gute Stück auszuschneiden. Denn ob gereimt oder ungereimt, die letzte Lyrik verleiht der Anzeige fast immer eine ganz besondere Note. Das gilt vor allem für die selbst geschmiedeten Verse, die wir besonders lieb gewonnen haben. Und zwar gerade weil hier keine professionellen Poeten am Werk sind, sondern nahezu ausnahmslos Hobbydichter, stille Helden der Gebrauchslyrik, deren Verse sonst vermutlich weit weniger Leser finden. Dabei sind manche dieser Gedichte gar nicht so übel, wie wir noch sehen werden, ja, vereinzelt werden Höhen erreicht, von denen man eigentlich nur abstürzen kann.

Allerdings muss man aufpassen: Manche Verse, die wir für gelungene Eigenkreationen gehalten hatten, erwiesen sich als nicht gekennzeichnete Übernahme aus dem Œuvre großer und nicht ganz so großer Meister. So wie bei unserer ersten Anzeige.

---

*Der alte Specht der klopft ganz schlecht.*    Zuffenhausen 11.6.2011
*Früher als er noch jünger war,*
*da klopfte er ganz wunderbar!*

Wir nehmen Abschied von unserem Mann, Vater, Opa und Uropa

## Hans B

\* 8. 9. 1921 † 9. 6. 2011

In stiller Trauer
**Margot**, **Hans-Jürgen**, **Thomas**, **Roman** und **Familie**
mit **Julia**, **Daniela**, **Timo** und **Lion**

---

Nicht schlecht, Herr Specht, dachten wir, als wir diesen munteren Vierzeiler aus dem Schwabenland zugeschickt bekamen. Da haben sich die Hinterbliebenen von Hans B. doch etwas unübliche Reime einfallen lassen. Jedoch stammen sie aus einem alten Schlager des Wiener Volksschauspielers Heinz Conrads, »Der alte Specht«. Geschrieben hat ihn Erich Meder, von dem auch das legendäre Lied »Donaudampfschifffahrtsgesellschaftskapitän« stammt. Und dort kommt ein weiterer Kandidat für gereimte Abschiedsworte vor: »Kaum hat man sich gesehen, heißt es auf Wiedersehen.«

Clenze, den 29. September 2006

Ganz still und leise, ohne Wort,
gingst du von deinen Lieben fort.
Du hast ein gutes Herz besessen,
nun ruhst du, für uns vergessen.

In Liebe und Dankbarkeit müssen wir
Abschied nehmen von

# Max K

\* 13. 2. 1920      † 29. 9. 2006

**Waltraud W**
**Helga und Rudi**
**Hans und Angela**
**Klaus und Karin**
**Enkelkinder**
**alle Verwandten**
**und alle, die ihn gern hatten**

Die Trauerfeier mit anschließender Urnenbeisetzung findet am Freitag, dem 13. Oktober 2006, um 14.00 Uhr auf dem Friedhof in Clenze statt. Von Kranz- und Blumenspenden bitten wir abzusehen.

Auch unser zweiter Vierzeiler ist keine völlig eigenständige Schöpfung. Vielmehr handelt es sich um die Variante eines altbewährten Trauertexts, den viele Bestattungsunternehmen in ihrer Mustermappe haben. Allerdings lautet die vierte Zeile dort in aller Regel: »Nun ruhst du still, doch unvergessen.«

Ein hausgemachter Vierzeiler findet sich hingegen in der Anzeige für Trommler Peter B. Allerdings verschweigt man uns auch hier den Autor oder die Autorin.

**Zum Tode des Trommlers**

4. Oktober 2011

*Einmal musste die Stunde ja kommen -*
*Freund Hein hat dir die Trommel genommen.*
*Und mahnt die Jugend mit ernstem Gesicht:*
*Schlagt ihr jetzt die Trommel und fürchtet euch nicht!*

# Peter B

Wir nehmen Abschied von meinem Mann, Vater, Schwiegervater und Opa

Henny B
Esther und Peter W
Nina und Wolf
Monique und Philippe

In der nächsten Anzeige lässt sich die Autorschaft glücklicherweise nicht verbergen, denn sie erscheint in der zweiten Strophe des Gedichts. Die Verse stammen von der Verstorbenen selbst. Durch diese Kombination von Pathos und Unbekümmertheit hat sie sich zumindest in unsere Herzen hineingedichtet.

*O Mensch, denke stets daran,*
*dass dich der Tod ereilen kann,*
*zu jeder Stund', zu jeder Zeit*
*ruft man dich ab zur Ewigkeit.*

## Magdalena Schlangen

geb. R
\* 19. Mai 1922
† 19. Oktober 2010

*Leni Schlangen heiße ich,*
*nach dem Himmel reise ich,*
*will mal sehen was Jesus macht,*
*liebe Kinder, gute Nacht.*

Pathetisch, aber weiß Gott nicht unbekümmert tönt die Anzeige für Christa W. Es dürfte nur wenige Gedichte geben, die mit den ebenso kühnen wie zweideutigen Worten anheben: »Sieh nur, Mutter, wie er steht …« Schon gar nicht vermutet man solche Einlassungen in einer Todesanzeige. Aber es handelt sich eben um einen Text, der in jeder Hinsicht aus dem Üblichen herausragt. Uns hat dieser Hymnus so beeindruckt, dass wir ihm unsere Kapitelüberschrift entnommen haben.

*In memoriam*

# Christa
# W

geb. Jungfer

7. 5 1922      † 28. 4. 2007

„Sieh nur Mutter wie er steht, die Beine fest gegründet, und firm die Fahn umschlossen hält,

auf der dein Nam verkündet: Dies ist der Jungfers Ehr und Würd, das Herz zu leben ist viel Bürd! Der Nihilist mag brüll und schlagen, ich habe alles das ertragen und doch - des Lebens tiefster Kern, er liegt verborgen, für manche fern. Für mich ganz nah - in Gottes Liebes - Offenbar!

Hell leuchten die Chiffren, die Dein, ins Dunkel der nachtigen Zeit. Und gegen die Umdunkelten welch, verdeckt und gedeckt meinen, die Retardierung sei angezeigt.

Und sieh nur wie er steht und hält und bis ans Ende seiner Tage nicht umfällt.

Schlaf ruhig liebe Mutter. Er steht. Dein Sohn!"

In Liebe, unkorrumpierbar und treu
der Sohn      Christian W                                    Lengenfeld 28. April 2012

Eher dem Genre der Gedankenlyrik verbunden ist unser nächstes Beispiel. In ihrem allegorischen Poem »Mensch, Salz der Suppe« verbindet Oberin Erzébet aus Budapest Alltagsdinge mit den letzten Fragen. So haben Sie Ihr Salz bestimmt noch nie gesehen, als »friedlich-weiße Gemeinschaft stiller Kristallgeschwister«.

---

*Mensch, Salz der Suppe …*

*Der Holzlöffel mischt mich in kochende, fremde Massen.*
*Wo ist nun das einstige Schimmern, die friedlich – weiße Gemeinschaft stiller Kristallgeschwister?*
*Wehe mir, ich schmelze, verschwinde!*
*Und ich rufe euch dennoch aus der wallenden, kochenden Tiefe, dass ich doch Salz bleibe,*
*    selbst in der Suppe Salz bleibe!*
*Die Farbe vergeht. Die Form vergeht. Der Geschmack bleibt.*
*Und mich belebt während des Mischens ein seliger Trost.*
*Es ist schon gut! Weiß ja, wer den Löffel bewegt.*

ERZÉBET TÚRMEZEI, OBERIN IN BUDAPEST

---

Während sich Oberin Erzébet überaus kundig zeigt, so ist der Dreierreim für Ralf K. sowohl uhrentechnisch wie vom Versmaß her nicht ganz auf der Höhe. Aber gerade dadurch wirkt die Anzeige so anrührend.

Oh Herr gib Ihm seinen Frieden.

**Oh mein Gott, wie konnte das geschehen, hat man vergessen Ralf's Uhr ganz aufzudrehen, sie blieb mit 21 einfach stehen.**

# Ralf K

\* 19. 1. 1964      † 27. 3. 1985

Freiburg im Breisgau

In stiller Trauer:
**Alle Angehörigen und Freunde**

Deutlich mehr Worte braucht Bruder Hermann für seinen gereimten Nachruf auf Wilhelm. Dabei bleibt Hermann doch sehr im Grundsätzlichen und Allgemeinen, was ihn schon wieder mit dem famosen »Salz der Suppe« von Oberin Erzébet verbindet.

## Nachruf

# Wilhelm B

### Mein lieber Bruder

Zu früh, mein Bruder, gingst du fort,
von hier an einen fernen Ort,
wo man den Tag, die Nacht nicht kennt,
wo keiner dich beim Namen nennt.
Wo man mit andrem Maße misst,
wo keiner mehr, was er war ist.

Wo niemand mehr die Stunden zählt,
kein Leid uns mehr, die Sorge quält.
Wo einem jeden - und, und, und ...
von jetzt auf gleich ab jener Stund',
nach langer Reise durch das Leben,
nur Friede, Ruhe ist gegeben.

Und ich sag dir, mein Bruder, Dank,
dass es dich gab, dem nah ich stand.
Wie du auch mir, auch das ist wahr,
tagein, tagaus und Jahr für Jahr.
Zu früh? Oh ja, denn du warst jung,
auf ewig in Erinnerung.

**Dein Bruder Hermann**

# Danksagung

## Tamme H

geb. 10. 1. 1931
gest. 9. 10. 2011

Unser „Opa" war lange krank, all denen, die ihm halfen gilt dieser Dank. Besonders die Station 212 in Kreyenbrück begleiteten ihn das letzte Stück.

Die Eltern krebskranker Kinder in Ostfriesland bekamen die Spenden – das Geld ist in guten Händen!

Nachbarn und Freunde waren gekommen und haben uns viel Arbeit abgenommen. Und zum Ende, bekamen wir für die Grabpflege eine Spende.

Pastor Haffke fand die richtigen Worte, von Opas Leben in diesem Orte. Die Erinnerung an Opa werden wir noch lange in uns tragen und hören ihn noch sagen:

„Sollte ich schon auf dem Friedhof liegen, lasst euch nicht unterkriegen!"

Im Gedenken an unseren „Opa".

**Hanne und Heiko V
mit Jan und Aike**

**Carmen und Tamme H
und alle Angehörigen**

---

Ganz anders die gereimte Danksagung für Opa Tamme H.: konkret, nahe am Alltag, stark im Detail. Unbekümmert um jedes Versmaß gelingen Reime, die so nur das Leben schreibt wie »das letzte Stück« und »Station 212 in Kreyenbrück«. Erleichtert wurde das Verseschmieden vielleicht dadurch, dass Opa Tamme schon mal einen Reim vorgelegt hat, der das Gedicht würdig abschließt.

Ein ähnliches Bemühen um das charakteristische Detail ist auch dem Gedenkgedicht für »Manne« anzumerken. Doch während bei Opa Tamme das Versmaß rumpelte, so sind es hier die Reime, die meist nicht ganz rein tönen und das Gedicht so liebenswert machen.

*Die Brille schief, das Haar zerzaust - ein Schrank von Mann' auf den man baut.*
*Mit Ecken und mit Kanten wohl, ein Mensch ohn' Fehl – wo gibt's das schon?*

*Die Psyche und das Welten-Rund, Botanik und die Heimatkund'*
*Vielseitig sein Interesse war, sein Wissen groß, die Langweil' rar.*

*Stets unterwegs in Wald und Feld, dem Gäu, der Alb, dem Rest der Welt.*
*Nach Reisen oder Wanderung: am Uhlberg fand er Ruhe nur.*

*Pfadfinder schon von Jugend an, führt Stamm, im Horst und Bunde dann*
*Lebt hier was vor, ist Motor dort, Idee und Tat in einem fort.*

*Ein gutes Buch, ein Viertel Wein, ein tief' Gespräch, ein Vesperlein*
*So war sein Tun, sein Sein, sein Sinn - die Krankheit griff gemein nach ihm.*

*Zur letzten Fahrt ging er voran, er klopft schon mal am Himmel an.*
*Beim Feuer sitzen wir zusamm', sein Lied wir sing'n noch jahrelang.*

Im Gedenken an

# Manne
### Dr. Manfred S
✱01.02.1952  ✝25.06.2012

Roland&Martina, Jörg&Elli, Hans&Annette, Ingo&Angela, Klaus&Bärbel,
Gudrun&Wolfgang, Dick, Mäc&Uschi, Wilhelm&Doris
sowie alle Pumphausbrüder und Albfreunde.

Beerdigung am Dienstag, 03.07.2012, 13 Uhr, Friedhof Lorch-Waldhausen

Allzu rein sind hingegen die Reime, mit denen sich Detlef kurz und drastisch verabschiedet.

*Damit es jeder weiß, jetzt habt ihr's schwarz auf weiß.*
*Ich bin einmal gewesen, jetzt bin ich am verwesen.*

*Tschüss, euer Detlef*

Der Jägersmann unterhält traditionell ein besonders inniges Verhältnis zur Dichtkunst, vor allem wenn es um die Darstellung eigener Jagderfolge geht. Doch auch wenn ein Grünrock zu Grabe getragen wird, kann man sich gelegentlich über einen wahren poetischen Kugelhagel freuen.

### Halali, Jagd vorbei!

**Waldes Luft und Widerhall, Weines Duft und Liederschall,
Mannes Wort und Mädchentreu, Herdes Hort und Hirschenschrei,
Hahnenbalz und Vogelfang, Schwanenhals und Hörnerklang,
Spurschnee, Standlaut, Kugelschlag, Pirschgang, Sauhatz, Wintertag,
Anstand, Blattsprung, Entenzug, Suche, Treibjagd, Trappenflug,
Schnepfenstrich, Büchsenlicht und Totverbellen, das war sein Leben,
Waidgenosse und Nimrod.**

# Hans K

**Dein Waidwerk ist beendet, grün ist der Bruch auf Deinem Grab.
Du bist uns nur einen Schritt vorausgegangen über den Regenbogen.
Ein letztes Halali von denen die Dich kannten, liebten und mit Dir jagten.**

zupuwa

das geträumte gestern
so nah und doch so fern

das gelebte heute
anders und doch dasselbe

gefühle geteilt
und doch so groß wie damals

die zeiten ändern sich
und bleiben doch die gleichen

# BERND

1950      1993

Natürlich kann man auch ganz auf die Reime verzichten. Wie in dem stark antithetischen Gedicht »zupuwa« für Bernd, das wir ebenfalls der Gedankenlyrik zurechnen wollen wie das »Salz der Suppe«. Doch anders als in den würzigen Versen von Oberin Erzébet bleibt bei »zupuwa« alles in der Schwebe. Und auch wieder nichts.

Ungewöhnlich sprachgewandt zeigt sich Sohn Manfred D. in seinem formvollendeten Sonett für seine Mutter Ursula S. Inhaltlich gehört es zu den bittersten Stücken in diesem Kapitel, sprachlich ist es wohl das gelungenste. »Dein Vater machte Muttern freudlos Gören«, mit so einer Zeile spielt man einfach in einer anderen Liga.

# Ursula S

geb. F

* 30. 12. 1929     † 27. 10. 2002

Was ist schon leicht in einem kleinen Leben?
Du wuchst im Nazigötterschatten groß.
Zwar nicht entsprungen einem braunen Schoß,
hieß aufzuwachsen damals Wachs sein. Eben!

Dein Vater machte Muttern freudlos Gören,
und früh schon sichelt Tod durchs Heimrevier,
von neun Geschwistern starben, glaub ich, vier.
Du wolltest anders sein, ich könnte schwören.

Doch dann die Jahre. Arbeit, Arbeit, hoffen
auf einen Mann und Freund. Die Kerle soffen.
Es geht auch anders? Nein, es muss so sein!

Zuletzt ein Bein weg. Strafe, weil du rauchtest?
Ich konnte dich, als du mich wirklich brauchtest,
nicht aus dem Leben tragen – du gingst allein.

Zur Erinnerung und zum Andenken
von deinem Sohn Manfred D

28199 Bremen

Und da wir gerade von Liga sprechen: Mit einem alten Fußballerlied wird Theodor D. verabschiedet. Offenbar hat er früher in Dortmund das Tor gehütet, wenn auch nicht in der ersten Liga. Sollten Sie sich fragen, was solche Zeilen im Trauerrand zu suchen haben, dann dürfen wir Sie darauf hinweisen, dass sie dem Lied entnommen sind: »Gefährlich ist das Fußballspielen«.

---

Statt persönlicher Benachrichtigung

 Wir fürchten nicht die hohen Bälle,
wir fürchten nicht den scharfen Schuss.
Der Torwart wird sie halten müssen,
sonst hängt im Netz ruckzuck der Lederball.

# Theodor D

\* 24. 1. 1925 † 2. 3. 2012

In tiefer Trauer

**Karl-Heinz D**
**Michael und Birgit D**
**Janina**
**Torsten D      und Marion**
**sowie alle Freunde**

Dortmund

*Alchemie des Schmerzes*

*Der Eine füllt die Welt mit Glühn,*
*Dem Andern ist sie Schmerz und Grauen,*
*Er kann nur die Verwesung schauen,*
*Wo Jener Leben sieht und Blühn.*

*Du unbekannter Gott voll Listen,*
*Der meine Kräfte hemmt und spannt,*
*Du machst dem Midas mich verwandt,*
*Dem traurigsten der Alchimisten.*

*Du wandelst mir das Gold in Blei,*
*Das Paradies in Wüstenei;*
*Du lässt in lichten Wolkendecken*

# Sebastian
# K

*Geliebte Leichen mich entdecken*
*Und auf den himmlisch heitren Auen*
*Prunkvolle Sarkophage bauen.*

23. 9. 1981 – 8. 2. 2011

*Baudelaire*

In Gedanken und Leid nehmen wir langsam Abschied.

Deine Freunde

Damit uns eine Anzeige berührt, muss es nicht immer etwas Selbstgedichtetes sein. Auch bei der Auswahl eines lyrischen Texts kann man ein glückliches Händchen haben. Und so schließen wir dieses Kapitel mit einer Anzeige, in der die Freunde »langsam Abschied« von Sebastian K. nehmen – mit einem melancholischen Gedicht von Charles Baudelaire (in der Übersetzung von Therese Robinson).

# 10

# »Unser gemeinsamer Lebensweg ist friedlich zu Ende gegangen«

### Ehe und andere Partnerschaften

Sorgfältig von den Familienanzeigen (→ S. 12) zu unterscheiden sind die Inserate, die für den Ehe-, Liebes- oder Lebensabschnittspartner aufgegeben wurden. Was in den Irrungen und Wirrungen der Herzen auch schon mal ein und dieselbe Person sein kann, worauf unser erstes Beispiel hindeutet, das der »zum Ende unserer Ehe wieder geliebten Frau« gilt.

---

„Wie werden Gottes Wege mit uns weitergehen?
Am Ende steht immer er selbst; das ist Erquickung."

(Ludwig S    , Pfarrer der Bekennenden Kirche,
gestorben am 17. Januar 1945 im KZ Dachau, als
seine Tochter Brigitte acht Jahre alt war)

Wir zeigen an, dass meine zum Ende unserer Ehe von mir wieder geliebte Frau,
unsere von uns geliebte Mutter und Großmutter

## Brigitte R                             geb. S

am 3. August 1936 geboren, am 23. April 2011 gestorben ist.

Wir sind voller Tränen, dass sie uns nach langem Leiden und dann jetzt doch so
plötzlich verlassen hat.

---

Ende gut, alles gut.
Dieses Motto gilt auch
für Frieda und Erich O.

Nach 35 Ehejahren, die nicht nur friedlich,
sondern glücklich verliefen, erlebt Ruth
R. eine böse Überraschung. Und der ah-
nungslose Leser rätselt: Doppelleben oder
geschmackloser Scherz?

Dass die Liebe den Tod zu überwinden vermag, ist die Botschaft der Erinnerungsanzeige für Willi H. Allerdings liegt dann der Schluss nahe, dass auch »die Alte« unsterblich ist.

Zur Erinnerung

# Willi H

† 6. April 2008

Wer so geliebt wird
stirbt nie

Deine Alte

In einer langjährigen Ehe können beide Partner zu einer Einheit verschmelzen. Sodass es im Tod fast keinen Unterschied macht, wer von beiden denn nun eigentlich vorangeht, wie die sympathische Anzeige für Robert M. illustriert.

„Wenn einer von uns beiden stirbt,
dann geh ich ins Altersheim"

# Robert M

\* 25. Oktober 1927     † 2. Januar 2012

Auch wenn Dir dies nicht gelungen ist,

in Liebe und Dankbarkeit:
**Deine Frau Ruth**

Wenn ein Paar durch den Tod auseinandergerissen wird, dann sieht sich der Hinterbliebene auf eine harte Probe gestellt. Dass man in so einer Situation der Trauerfeier mit bangen Gefühlen entgegensieht wie Kurt S., ist allzu verständlich.

Ohne Klagen verstarb meine geliebte Frau

## *Margit S*

geb. S

\* 30. 10. 1951        † 3. 10. 2011

In tiefer Trauer:
**Kurt S**
mit allen Angehörigen

Die Trauerfeier findet am Freitag, dem 7. Oktober 2011, um 13 Uhr auf dem Friedhof in Bonlanden statt.
**Es ist schon schwer genug.**

Häufig wünschen sich die Betroffenen vor allem eines: Schonung. Ungewöhnlich ist jedoch, wenn dies auch für den verstorbenen Partner erbeten wird.

## Bernhard A

ist tot.

Allein zurückgelassen ist

## Christa A

Bitte laßt uns unsere Ruhe in dem jeweiligen Bereich, wo wir sind.

Nicht ganz so trennscharf verfährt die Anzeige für Dr. Joachim V. So scheint sich Claudia in beiden »Bereichen« heimisch zu fühlen, wenn sie Joachim im Jenseits willkommen heißt. Während sie zugleich noch am Leben ist, was wir aus dem Umstand schließen, dass sie diese Anzeige formuliert hat, einschließlich der ungewöhnlichen letzten Frage. Aber die Liebe macht eben vieles möglich.

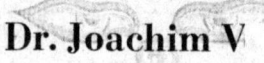

# Dr. Joachim V

\* 5. 3. 1943    † 18. 12. 2005

Es gibt ein Land der Lebenden
und ein Land der Toten
die einzige Brücke zwischen ihnen

ist die Liebe -

das einzige Bleibende
der einzige Sinn

Willkommen im Kreis Joachim. Wir haben es gemeinsam geschafft.

**Ich liebe Dich. Deine Claudia**

PS: Wo ist meine Mütze?

Bereits zu Lebzeiten scheinen sich Wolfgang und Monika in einem herzoglichen Fantasiereich eingerichtet zu haben. Da sollte die Landung im Jenseits dann auch nicht allzu hart ausfallen.

Meine

# „Monika, Herzogin in der Abendsonne über dem Werntal"

hat mich für immer verlassen.

Mögest du dort, wo du jetzt bist,
eine gute Landung haben.

Dein

**„Wolfgang, Herzog der Lüfte von Ruppertzaint".**

Ein leichtes Schaudern erfasst uns, wenn wir von Irmchens frei nach Puccini »eiskaltem Händchen« lesen. Dass Trauerfeier und Beisetzung bis auf Weiteres ausgesetzt werden, macht die Angelegenheit in unserer Vorstellung noch ein wenig beunruhigender.

### Danksagung

... ach Irmchen, wie eiskalt war doch Dein Händchen, als sie Dich am 27. Januar 2012 bei mir abholten.

# Irmgard K

geb. B
\* 6. 10. 1943    † 24. 1. 2012

Für die vielen bis heute erwiesenen Beileidsbezeugungen jeglicher Art, möchte ich mich bedanken.

**Trauerfeier und Beisetzung**

Die Trauerfeier und Beisetzung sind wegen familiären Umständen noch nicht möglich!

**René K**

Dr. Dieter B. hat den Verlust seiner »Herrin und Eigentümerin« zu beklagen. Ob der Doktor mit dieser bizarren Anzeige einem dunklen Drang zur öffentlichen Selbsterniedrigung gefolgt ist? Oder ob ihm jemand einen bösen Streich gespielt hat? Immerhin sind solche Bekenntnisse nicht gerade geeignet, unter den Zeitung lesenden Mitbürgern den guten Ruf zu festigen. Gewiss werden die sich nur mit Mühe ihre »Beileidsbezeigungen« verkneifen können.

Meine über Alles geliebte
Lady, Verlobte, Herrin und Eigentümerin

## Erika Olga S

hat am 23. Februar 1996 diese Welt verlassen.

In Trauer über diesen Verlust,
in tiefer Dankbarkeit für das Leben mit Ihr und durch Sie
und dem Wissen, daß diese Trennung nicht für immer ist.

### Dr. Dieter B
Res Dominae Erica

Die Einäscherung und Bestattung findet in aller Stille statt.

Bitte keine Beileidsbezeigungen.

Alte Liebe rostet nicht, lautet die tröstliche Botschaft unserer nächsten Anzeige. Wenn man der »geliebte Verlobte« ist, dann wird man auch mit 97 Jahren noch »viel zu früh« abberufen.

# Max-Friedrich K

| | |
|---|---|
| * 17. 6. 1900 | † 4. 2. 1998 |
| Berlin | Bremen |

**Zum Gedenken**
Ein Jahr ist vergangen, daß mein geliebter Verlobter von mir gehen mußte. Viel zu früh und für mich immer noch unbegreifbar, denn ich vermisse ihn sehr.
Aber die Liebe bleibt und die Erinnerung vieler schöner Jahre in Verbundenheit. Sie werden mir unvergessen bleiben.

In Liebe:
**Gertrud J**

Anlass zu Missverständnissen gibt hingegen die Anzeige für H. H., der in jungen Jahren im Krieg gefallen ist.

**12. Oktober 1941**

Heute wäre mein Mann
70 geworden.

In Erinnerung an:

# H. H

Du hast es verdient.

**Deine Frau**

*Nobody is perfect*
*My Name is Nobody*

Dies war ein Zitat meiner geliebten Frau

# Sieglinde S

das sie seit unserer Heirat immer wieder äußerte.

Wer sie kannte, wusste, sie war das Gegenteil.

An alle Bekannten und Freunde, die in Wort, Schrift und in Gedanken bei der Verabschiedung mit uns waren,

### herzlichen Dank.

Die Hoffnung, dass meine Frau, unsere Mutter und Oma nach ihrer Krankheit die verdiente Ruhe gefunden hat, gibt uns Trost.

Ansbach, im April 2012

**Peter S**      **mit Familie**

Auch nicht ganz perfekt in ihrer Logik ist die Anzeige für Sieglinde S. Denn Ehemann Peter will ja nur darauf hinweisen, dass sie kein »Nobody« gewesen ist. Nicht jedoch »das Gegenteil« von perfekt.

133

Missverständnisse kann es auch innerhalb einer Beziehung geben. Das kann einem das Herz zerreißen, wie die berührende Anzeige für Werner S. erzählt.

**Warum???**

Es gibt ein Leid,
das duldet keinen fremden Trost
und einen Schmerz, den langsam
die Zeit nur heilt.

# S  Werner

\* 26. 9. 1948 † 13. 10. 2010

Mein geliebter Werner, verzeihe mir meine Unfähigkeit
Dein Leiden richtig zu erkennen.

Ich dachte, diese Depression
geht vorüber wie Du auch die vorherigen
überwunden hattest.

Deine Gedanken und Probleme, die ständig im Kreise
drehten, konnte ich nicht nachvollziehen.

Mir schienen sie lösbar.

Dies habe ich Dir immer wieder gesagt und meinte unsere
Liebe übersteht diese Zeit.

Deinen Satz: „Geli, Du verstehst das nicht, es tut mir nur
um dich leid", hörte ich so oft in letzter Zeit
und erkannte nicht, dass Du Deinen Tod ankündigtest.

Du hattest recht!

Ich habe es nicht verstanden.

Werner, Du warst für mich das Wichtigste auf Erden!
Ich danke Dir für Deine Fürsorglichkeit und Liebe.

Ich bitte Gott und Dich für mein Versagen um Verzeihung.

**Deine Geli**

Die Trauerfeier fand in aller Stille statt. Ich bitte alle um Verständnis.

Wenn jedoch die ganze Beziehung auf einem Missverständnis beruht, dann muss
der letzte Gruß wohl so frostig ausfallen
wie für Michael F.

Du hast meine Melodie mitgesummt.
Sie gefalle dir, hast du gesagt.

Im Laufe der Zeit
hast du einige Strophen mitkomponiert,
aber den Text meines Liedes
hast du nie verstanden.

## Michael F

\* 16. 8. 1960      † 15. 6. 1994

**Sabine**

Keine falschen Sentimenta-
litäten gestattet sich auch
Gisela F.

Günther F      ist gestorben.

Nennt's Liebe.
Ich nenn's Solidarität.

Gisela F

Liebevoll und mit einem Hauch von Ironie zeichnet Waltraud ein Porträt von ihrem Dieter, einem städtischen Oberverwaltungsrat, der im Jenseits sein Wirken fortsetzt.

---

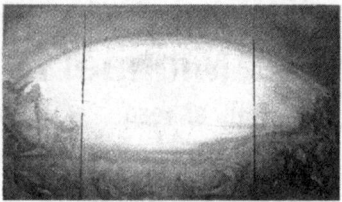

Die Seele vergisst nichts

# *Dieter W*

Städtischer Oberverwaltungsrat

ist uns am 16. Juni 2011 – versehen mit dem Sterbesakrament der katholischen Kirche – vorausgegangen.

Im Diesseits war die öffentliche Ordnung sein Anliegen, im Jenseits führt er die Engelchen spazieren. Hier waren Köln und der Dom sein Lebenselixier, dort ist es das Paradies; hier beglückte ihn Opernmusik und dort werden es die Himmelschöre sein. Hier freute er sich an seinem Opel Cabrio, dort steht es im Wolkenparkhaus bereit zu Erdbesuchen.

Bis dass der Tod Euch scheidet – wir haben es geschafft!

## **Waltraud**

Nach fast 50 Ehejahren – vom 11. Februar 1939 –
hat mich als Schwerkriegsbeschädigten
der goldene Stern meines Lebens

# Alma T

geb. H
* 29. 6. 1916

nach langjähriger, schwerer, unheilbarer Krankheit
(5 schwere Operationen und 106 Bestrahlungen)
am 6. Dezember 1988 um 18.50 Uhr für immer verlassen!

Sie lag noch drei Monate – vom 7. September 1988 –
in den Städtischen Kliniken, 6100 Darmstadt, Grafenstraße 9,
und starb auf der Intensivstation 29 – Chirurgische Abteilung –
bei Direktor Prof. Dr. G    .

Die Ärzte auf der Intensivstation sagten zu mir:
Trotz ihrer schweren Krankheit war ihre Frau Alma immer tapfer und
bewundernswert gewesen . . .

An ihrem letzten, dem 72. Geburtstag, am 29. Juni 1988,
sagte meine liebe Frau Alma zu mir:
Max! Wenn in diesem Herbst 1988 die Blätter von den Bäumen
fallen werden, muß ich leider sterben!!!

Nach diesen Worten lebte Alma nur noch fünf Monate . . .
Vom Versorgungsamt Darmstadt bekam meine Frau Alma
den Schwerbehindertenausweis mit dem Vermerk:
Die Notwendigkeit ständiger Begleitung ist nachgewiesen.

Alma T        war über 18 Jahre vom 22. Januar 1958
bis 30. Juni 1976 bei Firma Carl Schenck, Maschinenfabrik, Darmstadt,
Landwehrstraße 55, in der Werksküche beschäftigt.

In tiefer Trauer:

**Maximilian T**
Schwerkriegsbeschädigter
**Unsere treuen, zwei gold'nen mexikanischen kleinen
Chihuahua-Hündchen Tinna und Sissi
alle Tierfreunde, alle Verwandten,
Bekannten und Nachbarsleute**

Maximilian T. drängt es hingegen, uns in
allerlei Einzelheiten von den letzten Le-
bensjahren seiner Frau Alma zu berichten.
Und man merkt: Er ist stolz auf den »gol-
denen Stern« seines Lebens.

Manchmal bleibt dem zurückbleibenden Ehepartner gar nicht mehr die Zeit, noch eine Todesanzeige zu schalten. Vielmehr benötigt er selbst eine. Dann kann man nur darauf hoffen, dass die Angehörigen die richtigen Worte finden – so wie bei Uwe-Jens W.

*Und die Liebe per Distanz,*
*kurz gesagt, missfällt mir ganz.*

(Wilhelm Busch)

*Er wollte nicht ohne seine Inge sein. Am Tag ihrer Beerdigung ist er seiner Frau gefolgt.*

# Uwe-Jens W

\* 6. Februar 1924     † 19. September 2011

*Seine Heiterkeit, sein Humor und seine besondere Art das Leben zu betrachten wird in uns weiterleben.*

Die ausgewogenste Anzeige kommt am Schluss. Dabei können wir nur darüber spekulieren, ob nicht eine sehr traurige Geschichte hinter diesem gemeinschaftlichen Projekt von Wolf und Renate steckt.

# Wolf

† 24. 8. 2007

Ich bin auf dem Weg zu Dir
mein Lieber

**Deine Renate**

# Renate

† 24. 8. 2007

Ich bin auf dem Weg zu Dir
mein Liebes

**Dein Wolf**

# 11

# »Alle im Heiler-Netzwerk stehen unter Schock!«

Fremde Welten

Todesanzeigen gewähren uns immer wieder Einblicke in Bereiche, die uns sonst verschlossen bleiben: Esoterische Parallelwelten, verborgene Reiche, in denen raue Rocker, eiserne Preußen oder Indianerhäuptlinge mit dem Namen Günter zu entdecken sind. Und so wollen wir in diesem Kapitel solche fremden und doch so nahen Kontinente ergründen.

In unserer ersten Anzeige tauchen wir ein in die faszinierende Welt der Sportangler, die bis hinein in eigene Sprachgewohnheiten offenbar stärker zusammenhalten, als landläufig vermutet wird. Doch auch unter den schweigsamen Freunden von Aalschnur, Blinker und Zitterspitze gilt das Prinzip: Nur als echte Gemeinschaft kommt man letztlich zu eigenen Teichen.

---

### Nachruf

Die Mitglieder der Angelgemeinschaft Stedten e.V. haben mit Trauer und Erfurcht vom Tod ihres Ehrenvorsitzenden

### Dieter E

erfahren.

Sportfreund Dieter E     war der Initiator und Gründungsvorsitzender unserer Gemeinschaft seit 1974. Mit ihm verbinden uns zahlreiche gemeinsame Stunden. Unter seiner Leitung von 1974 – 1988 wurde vieles möglich gemacht, und letztlich auch zu den eigenen Teichen der Angelsportgemeinschaft führte, festigte sich der Verein zur echten Gemeinschaft.

---

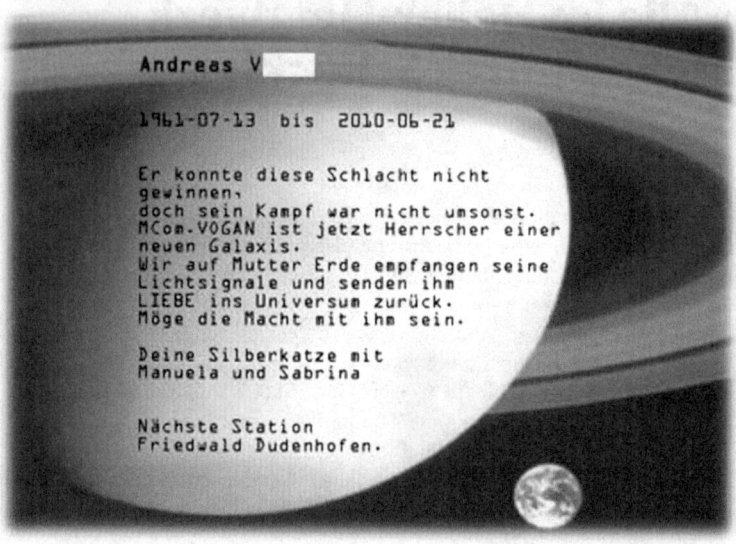

```
Andreas V ████

1961-07-13  bis  2010-06-21

Er konnte diese Schlacht nicht
gewinnen,
doch sein Kampf war nicht umsonst.
MCom-VOGAN ist jetzt Herrscher einer
neuen Galaxis.
Wir auf Mutter Erde empfangen seine
Lichtsignale und senden ihm
LIEBE ins Universum zurück.
Möge die Macht mit ihm sein.

Deine Silberkatze mit
Manuela und Sabrina


Nächste Station
Friedwald Dudenhofen.
```

Nicht weniger abgründig ist die Welt der Computerspieler. So führt uns die Anzeige für Andreas V. in die Weiten des Universums. Offenbar hat er nicht nur an der Spielkonsole einen schweren Kampf führen müssen. Immerhin darf er nun auf einem neuen Level weitermachen: als Herrscher einen neuen Galaxie.

Kosmische Mächte ganz eigener Art begegnen uns in der grandiosen Anzeige für den Musiker, Astrologen, Heiler, Berater, Lehrer und Lichtbringer (»Itoshi«) Reinhard Joachim W. Ein Mann mit vielfältigen Talenten und übersinnlichen Fähigkeiten, selbst ein wandelndes Netzwerk, dem von der »weißen Hexe« Barbara ein beeindruckendes sprachliches Denkmal gesetzt wird. Kein Wunder, dass beim Abschied eines solchen Giganten (in Hannover) die Lampen platzen.

**Friedens-Meditation**

Die Zusammenarbeit begann grad sehr intensiv zu werden und alle im Heiler-Netzwerk Neue Erde stehen unter Schock. Wir haben einen sehr wertvollen Menschen verloren.

**Der Musiker, Astrologe, Heiler, Berater und Lehrer Reinhard Joachim Itoshi W verstarb am 8. Juni 2010 abends im Alter von 55 Jahren.**
An seinem Geburtstag war er sehr unglücklich gestürzt und hatte noch mal Glück gehabt. Er sagte, dass er zur Zeit sehr aufpassen müsse, da die Planetenkonstellation es klar anzeigt. Nun kam es doch ganz plötzlich.

Grad noch gemeinsam einen Astro-Abend.
Grad noch gemeinsam Deinen 55. gefeiert.
Grad noch unser letztes gemeinsames Werk erstellt.
Bei Deinem letzten Konzert, gigantisch und göttlich, (in Hannover) zerplatzte eine Lampe.
So stark waren Deine letzten Energien.
Du hattest Welt-weite Kontakte. Du wirst uns allen fehlen.
Deine Kerze unserer beginnenden Zusammenarbeit ließest Du stehen. Ich wollte sie Dir noch bringen.
Unsere letzte verabredete Begegnung konnte nicht mehr statt finden.
Deine weisen Worte liegen mir noch im Ohr, Du warst ein guter Lehrer. Danke Dir dafür.
Kleinere Warnungen nahmst Du nicht ernst genug.
Es bleibt dabei: Wir bleiben in Kontakt!
In ewiger Liebe und stiller Trauer
Deine weiße Hexe Barbara und Deine spirituelle Familie
Bremen und Umzu „Neue Erde"

**Auch die Gruppen-Meditation (am Sonnabend, 26. Juni) wird in Gedenken an unseren so plötzlich verstorbenen Kollegen Reinhard Joachim Itoshi W** sein.

© 2010     ReJoWa & Nimara

Tiefes Raunen aus dem Nebel des göttlichen Daseinsgrunds tönt uns auch aus der Anzeige für Otto K. entgegen. Dabei war der doch immerhin Träger der Ehrenmedaille des VVN-Bundes der Antifaschisten.

*Selig sind, die trachten nach*
*Gerechtigkeit, Friede und*
*Freude des Reiches Gottes!*

Nach dem unergründbaren Ermessen des göttlichen Daseinsgrundes wurde des Tieflebendigen Wille erfüllt, als der Heimholer Tod unseren verständnisvollen Vater, Schwiegervater, Großvater, Onkel

# Otto K

17 Tage nach dem Tode seiner lieben Frau und wenige Tage nach Vollendung seines 87. Lebensjahres aus der irdisch-vergänglichen Welt herausführte. Er war Träger der Ehrenmedaille des VVN-Bundes der Antifaschisten.

In stiller Trauer
im Namen aller Angehörigen:
**Reinar und Werner K**

Als blonder Indianer lächelt uns der Allgäuer Günter Kurt S. an. Lieber lässt er den »Großen Geist« der Lakota-Indianer in sein Herz blicken als unseren altgewohnten Christengott.

Wakan Tanka, Großer Geist, schaue in mein Herz.

# Günter Kurt S

⋆ 4. Dezember 1950    † 12. Oktober 2012

Kaufbeuren

In liebevoller Erinnerung:

| | |
|---|---|
| Sohn **René und Ines** | Tochter **Melanie mit Familie** |
| Tochter **Karina und Marvin** | Tochter **Isabel mit Familie** |
| **Diete und Robert** | Mutter **Anna S** |
| und alle Angehörigen | **Geschwister** mit Familien |

Noch einen Schritt weiter geht Günter P., der ganz gewiss ein würdiger Träger des Büffelkopfschmucks gewesen ist. Wie die Liste der Hinterbliebenen vermuten lässt, so war Günter nicht der Letzte seines Stammes. Und wer weiß, vielleicht wird nun Tanzender Schmetterling die ehrenvolle Büffelkappe überziehen.

**Cheyenne**
**Günter P**

Bluha ate waste!
Cheyenne, pta tanka wapahaun okala kiciapi!
Toksa ake waunkte!
(Lakota)

Ich hatte einen guten Vater!
Cheyenne, Träger des Büffelkopfschmucks!
Ich werde dich wiedersehen!

Matho Tanka
Nishoni und Tanzender Schmetterling
Heca Otakuye
Sascha

Ohne den Rückhalt von Gleichgesinnten ist der einsame Indianer Ernst B. in die ewigen Jagdgründe eingegangen. Und das auf eigenen Entschluss.

## Der Indianer ist tot!

Er hat sich entschlossen,
in die ewigen Jagdgründe zu gehen.

# Ernst B

\* 4. April 1931    † 20. Oktober 2012

Wir werden dich nicht vergessen.

**Iris, Marliese und Birgit**

Die Beisetzung fand auf ausdrücklichen Wunsch des Verstorbenen in aller Stille statt.

Genauso hat es Erwin Josef K. gehalten, der DJ, den sie respektvoll den »Häuptling« nannten. Für alle ahnungslosen Bleichgesichter: Ein »Zambo« ist jemand mit schwarzen und indianischen Vorfahren. Und denen fühlte sich der rockende Oberindianer vermutlich besonders verbunden.

**Ein Häuptling geht immer voraus.**

# *Häuptling DJ ZAMBO*

**Erwin Josef K**

\* 20. Juni 1947    † 12. Juli 2012

Du bist gegangen in die ewigen Jagdgründe. Du hast entschieden und wir müssen es akzeptieren. Danke für die Spuren, die Du hinterlassen hast! Du wirst uns fehlen: Dein Humor, Deine Musik, Dein Indiana, Deine Menschlichkeit...
Du bist nicht mehr unter uns, Deine Musik lebt weiter...
Wir sehen uns/früher oder später!
IT`S ONLY ROCK `N` ROLL !

Bei Aloys T. ist es nicht mehr der Rock
'n' Roll, sondern der paukende Gott persönlich, der ihn abberufen hat. Auf so ein
kraftvoll archaisches Sprachbild muss man
erst mal kommen.

- Statt Karten -

**Gottes Große Trommel
hat ihn zu sich gerufen.**

Boom!

## Aloys T

\* 29. März 1937   † 4. Januar 2012

Und er ist ihrem Ruf gefolgt.

Traurig bleiben wir zurück.

**Anna und Heinz P
und Anverwandte**

Bedrohlicher noch als die Pauke Gottes
dürfte für nicht wenige Zeitungsleser das
Pauken von Lateinvokabeln gewesen sein.
Und doch ist es irgendwie liebenswert
schrullig, wenn zwei Altsprachler im Ely-
sium nichts Besseres zu tun haben, als die
Punischen Kriege »weiterzubesprechen«.

Mein Freund Klaus ist 2010 verstorben.
Ich vermisse einen Gräzisten und Lateiner.

## Dr. Klaus B

Die Punischen Kriege werden wir bei unserem HERRN
weiterbesprechen.
Male quasitum male dilabitur.

**HD J**      **und Familie**

Was allerdings so ein richtiger Lateiner ist, der verfasst seine Anzeige gleich im einzig angemessenen Idiom.

Ein rauerer Wind weht in der Anzeige für »Bruder Böbber«, der den Whiskey zu seiner Duftmarke erwählt hat. Über seinen bürgerlichen Namen breiten die Kameraden vom Club mit dem beunruhigenden Namen »Tribunal Südbaden« die Lederkutte des Schweigens. Und sie erklären sich zu Böbbers Familie, die über letzte Feierlichkeiten und Beisetzung des Bikers zu befinden hat. Nicht ganz überraschend, wenn auch kühn, dass da Mutter und Schwester »Ärger machen« ...

## Der MC Tribunal Südbaden trauert um seinen Bruder

 # Böbber

**\* 14.02.1955        † 18.05.2010**

Wir trauern um unser Gründungsmitglied Böbber. Du warst einer von uns, der nur viel zu früh von uns gegangen ist. Jahre der Freundschaft verbinden uns, zusammen haben wir alles gemeistert. Du warst Teil der Familie. Wir sehen uns wieder, irgendwann. Tot sind nur die, die vergessen sind. Der Abschied ist nicht für immer. In unseren Herzen wirst Du weiter leben. Die Erinnerung an Dich nimmt uns niemand. Dein Leben war rauh, Dein Parfüm war der Whiskey. Du, der Mensch selbst, warst herzlich und einzigartig. Und wenn uns der Wind auf dem Motorrad über die Haut streichelt, wissen wir, dass Du bei uns bist. Du bist immer noch da.

Die Abdankungsfeier für seine Brüder, Clubfreunde, Nachbarn und Bekannte findet am 12. Juni 2010 um 13 Uhr in Holzen in der ev. Kirche statt, ausgerichtet von uns, seiner Familie, dem MC Tribunal Südbaden. Evtl. wird die Urne später beigesetzt.

**Ehre, Stolz &
Rock 'n' Roll
MC Tribunal
Südbaden**

**Wir bitten die Mutter und vor allem die Schwester:
Bitte lasst ihn würdevoll von uns gehen und hört auf mit dem Ärger,
im Namen von Böbber!**

Deutlich distinguierter als unter den harten Motorradmännern geht es offenbar im »Land der ewigen Trinker« zu, in das sich Hans S. verabschiedet hat. Es trauern hier auch keine Mitbrüder vom »Tribunal«, sondern die Angehörigen einer sehr speziellen Forschungseinrichtung – und ihre wohl gleichfalls nach Erkenntnis strebenden Stammgäste.

Am 26. Oktober ist uns nach kurzer Krankheit Herr

# Hans S

1930 – 2010

in das serene Land der ewigen Trinker vorangegangen.

In tiefer Trauer um den väterlichen Mentor, bewunderten Freund, den Doyen der Berliner Barmixer und Gründer des Rum Trader:

**Das Institut:**
**Herr und Frau S      , Herr S        ,**
**Herr D      , Herr H    .**
**Alle Freunde und Stammgäste des Hauses.**

*Du hast für den ewigen Kreislauf des Wassers gelebt.*
*Von seiner Quelle bis ins Meer hast Du*
*das Wasser viele Jahrzehnte lang begleitet.*
*Nun bist Du selbst dort angekommen.*

Vom hochprozentigen Alkohol zum heilig-nüchternen Wasser und seinem ewigen Kreislauf. Onkel Manni S. hat sich ganz diesem Element verschrieben. Doch die Worte von Neffe Volker geben eher Rätsel auf. Nicht nur weil der Kreislauf des Wassers keineswegs von der Quelle zur Mündung führt, sondern auch weil Manni S. nun selbst »dort angekommen« sein soll.

*Mein Onkel, Freund und Mentor*

### Manni S

*ist am 17. Oktober 2010 gegangen.*

*Danke für die vielen Stunden Deines Zuhörens*
*und kritischen Verständnisses und*
*Deine Begleitung meines Weges durch das Leben.*
*Deine wohltuende Betrachtung wird mir fehlen.*

*Dein Neffe*
*Volker*

Ähnlich undurchsichtig erscheint uns die Anzeige für Christian C., die sich mit ihrer Verspieltheit um jede Aussage herummogelt.

Wir spielen, bis uns der Tod abholt  (Kurt Schwitters)

# Christian C

13. Dezember 1937
11. Januar 2006

Spiel ist Ernst und Ernst ist Spiel
Die Trauer hat ihre eigene Realität

Ganz und gar nicht zum Spielen war dem preußisch gestählten Horst R. zumute, der in tiefer Sorge um sein Vaterland verschied. Im zivilen Leben widmete sich der dreifach verwundete Fahnenjunker dann allerdings dem Verkauf von Kunststoffen. Doch was uns noch mehr erstaunt, ist die Tatsache, dass er diese Anzeige von seiner Ehefrau hat vorformulieren lassen, die vor ihm verstorben ist.

*Viel leisten, wenig hervortreten; mehr sein als scheinen.*
Preußischer Wahlspruch

In tiefer Sorge um sein Vaterland starb

# Horst R

* 17. 10. 1924 in Berlin    † 31. 3. 2005

Schulische Ausbildung Potsdam 1936

Leutnant d. R. an der Fahnenjunkerschule Metz, Herbst 1944,
und bei deren Einsatz zum dritten Mal verwundet.

Prokurist und langjähriger Leiter der Verkaufsförderung im Verkauf Kunststoff der Hoechst AG

Horst R        lebte preußische Tugenden.

Richtpunkte seines Lebens waren Recht und Ordnung, Disziplin und Pflichterfüllung.

*Ich hatt' einen Kameraden,
einen beßren findst du nit ...*

Autorin dieser Anzeige war seine vorverstorbene, langjährige Mitstreiterin und Ehefrau.
Wir erfüllen ihr Vermächtnis.

In einem ähnlichen Sound ist die Anzeige für die beiden Soldaten-witwen Elsbeth P. und Elfriede P. gehalten. Abgesehen natürlich von der unvergleichlichen Überschrift.

**Sterben im Zeitraffer!**

Innerhalb einer Tagesfrist sind die Kameraden-Witwen

# Elsbeth P

† 23. Mai 2009

und

# Elfriede P

† 24. Mai 2009

von uns gegangen.

Das Leben beider Damen, das im hohen Alter durch schwere Krankheiten auch zum „Taedium Vitae" wurde, war sowohl von treuer Sorge für ihre kriegsblinden Männer als auch von unbedingter Loyalität gegenüber unserem Verein geprägt. Frau P hat ihre Verbundenheit für einige Jahre insbesondere durch eine zuverlässige Mitarbeit im Vorstand dokumentiert und ist darüber hinaus als regelmäßige finanzielle Unterstützerin unseres Bezirks unauffällig in Erscheinung getreten. Wir danken unseren beiden Verstorbenen für ihren unermüdlichen Einsatz innerhalb unserer Schicksalsgemeinschaft und entlassen sie in gutem Gedenken in den Trost des ewigen Friedens.

**Bund der Kriegsblinden Deutschlands
Bezirk Marburg**

Was preußische Disziplin vermag, das zeigt sich in der Anzeige für den ehemaligen Flottillenadmiral Klaus-Dieter L. Als Ostpreuße musste er im Rheinland sterben. Und er verließ die Seinen auf aller-höchsten Befehl.

Flotillenadmiral a. D.

# Klaus-Dieter L

geb. 7. Januar 1938        gest. 27. Mai 2009
Königsberg/Ostpreußen        Köln/Wesseling

Gott der Herr hat unseren geliebten Ehemann, Vater, Schwiegersohn, Bruder und Großvater zu sich befohlen.

Von der Marine zur Luftwaffe, von den Freuden am Kreislauf des Wassers zu »Adlers verwegenem Glück«: Auch Erich R. wurde zur großen Armee abberufen und kann nun im Jenseits weiterfliegen.

---

Wir fühlen in Horsten und Höhen des Adlers verwegenes Glück.
Wir steigen zum Tor der Sonne empor, wir lassen die Erde zurück!

### Zur großen Armee wurde abberufen:

# Erich R

**Oberfeldwebel der Luftwaffe a. D.**
**Pilot in der Kurierstaffel der Regierung**
1917 – 2009

### Seine Liebe galt seinem deutschen Vaterland!

### Ehre seinem Angedenken!

### Sein Freundes- und Kameradenkreis

Grabstätte: Südfriedhof, 42, D 39 (A      )

---

In die linksrheinische Wahlheimat hat sich hingegen der ehemalige Lehrer Ernst F. aufgemacht. Für seine Verwandtschaft vielleicht eine fremde Welt. Zumindest erfuhr sie auf ungewöhnliche Weise von seinem Ableben.

---

Unser Vater ist in seiner Wahlheimat verstorben.

# Ernst F

Lehrer i. R.
\* 5. August 1918 in Frankfurt/Main
† 29. März 2010 Pleuven (Bretagne, Frankreich)

Wir wurden durch seinen Notar unterrichtet.
Elmar F      , Mechthild K      , geb. F      ,
Manfred F      , Norbert F      ,
Susanne S      , geb. F      , mit Familien

Elmar F                              , 51519 Odenthal

Die Urnenbeisetzung fand am 1. April 2010 auf dem
Friedhof in Fouesnant statt.

Am 22. April 1984 starb im Klinikum Charlottenburg nach schwerer Krankheit und langem Leiden der vielleicht 23jährige staatenlose Palästinenser, der Asylsuchende

# Mohammed Nasser (?)

### oder Bassam Abdul Hussein Shoucair (?) oder ...(?)

Seit 1978 in Deutschland, blieb er hier namenlos, heimatlos, rechtlos. Schließlich wurde er auch in seiner Krankheit sprachlos, orientierungslos – hilflos. Nie kam jemand ihn besuchen.

Unsere Betroffenheit über sein Schicksal als Kriegsopfer und als Asylsuchender wollen wir nicht für uns behalten.

Personal der Station 25
Dr. W. C          , Arzt
H. J. D          , Sozialarbeiter
G. K          , Pastorin

Berlin, April 1984

---

Von einer fremden Welt ganz anderer Art kündet unsere letzte Anzeige. In ihr wird posthum an einen namenlosen Flüchtling erinnert, der schwer erkrankte und den nie jemand besuchen kam.

# 12

# »Frieda Messer geb. Gabel«

## Interessante Namen

Bei der Lektüre von Todesanzeigen stoßen wir immer wieder auf bemerkenswerte Namen. Namen, die uns verblüffen, Namen, die uns beeindrucken, und Namen, die uns aus den unterschiedlichsten Gründen zum Schmunzeln bringen. Vor allem um die letzte Gruppe werden wir uns in diesem Kapitel kümmern. Dabei wollen wir uns über die Menschen, um die es geht, keineswegs lustig machen. Vielmehr möchten wir das Motto unserer ersten Anzeige beherzigen und all denen, die in diesem Kapitel versammelt sind, unseren besonderen Respekt und unser Mitgefühl aussprechen.

---

Thorsten du bleibst in meinem Herzen, egal wie du heißt.
Ich liebe dich.

## Thorsten Litzkowy

### geb. Schmidt

\* 17. 9. 1972    † 8. 4. 2009

In stiller Trauer

**Dein Vater Norbert Schmidt**

---

Um die zahlreichen interessanten Namen zu würdigen, müssten wir bei Adam und Eva anfangen. Und genau das wollen wir jetzt auch tun.

Wie ein Blatt vom Baume fällt, so geht ein Leben aus dieser Welt.

# Adam Eva

1. 7. 1942 – 21. 9. 2011

Im Namen aller Angehörigen:

Dagmar Eva geb. G          , Kinder und Geschwister

Die Urnenbeisetzung hat in aller Stille stattgefunden.

Vielleicht sind Sie der Ansicht, die Eltern haben es ein wenig übertrieben, ihr Kind »Adam« zu nennen, wenn es mit dem Familiennamen »Eva« bereits hinreichend in der biblischen Schöpfungsgeschichte verankert ist. Doch was soll man da erst zu unserer nächsten Anzeige sagen, bei der die »Kinder Gottes« ihre Worte sicher mit Bedacht gewählt haben?

Unser lieber Vater

# Liebherr Gott

† 04. 03. 01

ist nach langem Leidensweg von uns gegangen.

In stiller Trauer
Seine Kinder

Die Trauerfeier findet am Donnerstag, dem 08. 03. 01, um 11 Uhr auf dem neuen Friedhof statt.

# Martin Luther
# ist tot.

\* 14. Oktober 1906          † 24. März 1995

Er lebte zuletzt
im Seniorenzentrum Dielingen,
doch seine Heimat blieb Düsseldorf.

Brigitte und Klaus M. Luther

Zumindest die protestantischen Leser
dürfte es bei dieser Anzeige aus dem eher
katholisch geprägten Düsseldorf kurz
durchzuckt haben.

Vor allem bei weiblichen Verstorbenen
verblüfft manchmal die Kombination von
Geburts- und angenommenem Ehenamen.
Aus sehr unterschiedlichen Gründen ...

---

## Lieselotte Himmel
geb. Geistlich
* 18. Januar 1920

Der Mittelpunkt meines Lebens und unserer Familie ist am
23. September 1991 von uns gegangen.

Im Namen aller Angehörigen
**Ursula Geistlich**

Wir nehmen Abschied am Montag, dem 7. Oktober 1991, um
12 Uhr in der Kapelle 10 des Friedhofes Hamburg-Ohlsdorf.

---

# Frieda Messer
geb. Gabel

* 25. 12. 1905      † 19. 7. 1993

In stiller Trauer:
**Familie Messer**

Die Beerdigung findet am Freitag, dem 23. Juli 1993, um
10 Uhr von der Friedhofshalle in P       aus statt.

Nach schwerem, mit großer Geduld ertragenem Leiden wurde meine geliebte Frau, unsere gute Mutter, Schwiegermutter, Oma, Schwester, Schwägerin und Tante, Frau

# Edith Birn

geb. Apfel

im Alter von 56 Jahren erlöst.

**In stiller Trauer:**
**Franz Birn**
**Franz Birn jun.**
**Ursula L     , geb. Birn**
**und Familie**
**und Anverwandte**

Weinheim, den 1. Juli 1986

Die Beerdigung findet am Montag, dem 7. Juli 1986, um 13.30 Uhr auf dem Friedhof in Weinheim statt.

---

Statt Karten

Nach kurzer Krankheit entschlief unsere liebe Mutter, Schwester und Tante

# Anna Fick

geb. Fock

im 76. Lebensjahr.

In stiller Trauer
im Namen aller Angehörigen
**Dieter E**
**und Frau Berta,** geb. Fick

Hamburg

Manche Namensforscher behaupten, dass sich unter den Trägern des Namens Schneider besonders viele fingerfertige, feingliedrige Menschen befänden, während in den Familien Metzger, Fleischer und Schmied eine robuste Statur verbreitet sei. Wer nach einem bestimmten Beruf heiße, sei dafür körperlich besonders geeignet. Denn seine Vorfahren hätten über Generationen in diesem Beruf gearbeitet, weshalb man ihnen ja diesen Namen verpasst hätte. Vor diesem Hintergrund ist es gar nicht überraschend, dass wir es bei unserer nächsten Anzeige mit einem Ruheständler zu tun haben.

---

Unser Pensionär Herr

# Hans-Walter Rente

ist am 15. März 1995 im Alter von 74 Jahren verstorben.

Herr Rente war unserem Unternehmen mehr als 17 Jahre treu verbunden. Wir haben ihn als zuverlässigen und pflichtbewußten Mitarbeiter geschätzt.

Sein Andenken werden wir stets in Ehren halten.

AXEL SPRINGER VERLAG

Auf Wunsch des Verstorbenen findet im engsten Familienkreis eine Seebestattung statt.

---

Ein Fall für die Namensforschung ist auch der flinke Günter. Denn bei ihm gibt es offenbar einen bemerkenswerten Zusammenhang zwischen Namen und Naturell.

## GÜNTER GLEICH

26. 2. 1937 – 20. 8. 2006

Günter, immer warst Du zu schnell für uns, wie auch am 20. 8. 2006, als Du plötzlich und völlig unerwartet aus dem Leben gerissen wurdest.

Unsere nächsten drei Anzeigen sind gewissermaßen noch näher dran an unserem Thema. Und es wäre interessant zu erfahren, wie die Ahnen zu ihrem Familiennamen gekommen sind.

Unfaßbar für uns alle verstarb mein geliebter Mann, treusorgender Vater, herzensguter Opa, Bruder, Schwiegervater, Schwager, Onkel

## Heinz Sarg

\* 19. 5. 1914     † 22. 5. 1982

In tiefer Trauer:
Liesel Sarg, geb. W
Gisela und Frieder P
Else J      , geb. Sarg
Fritz und Doris Sarg
Konrad B
Enkel Hans und Sabine B

Sie ist nun frei
und unsere Tränen
wünschen ihr Glück.
J.- W. von Goethe

In Liebe und Dankbarkeit nehmen wir Abschied
von

# Frieda Leiche

\* 12. 7. 1922   † 27. 5. 2010

Wir behalten dich in lieber Erinnerung:

Ursula, Maria und Erika mit Familien
sowie alle Angehörigen

Die Beerdigung findet am Freitag, dem
4. Juni 2010, um 9 Uhr auf dem Friedhof
in O              statt.

*Herzlichen Dank*
allen, die uns beim Heimgang unseres lieben Entschlafenen

# Waldemar Ewig

durch Wort, Schrift, Blumen- und Geldspenden ihre
Anteilnahme bekundet und mit uns Abschied genommen haben.

**Amalie Ewig
und alle Angehörigen**

6      M          , im Juli 1995

Wenn man sie ausspricht, entfalten manche Familiennamen in einer Todesanzeige
ihren ganz eigenen Sinn.

Wir vermissen den Mittelpunkt unserer Familie. Du warst immer für uns alle da.

# Ilse Soff

geb. S

\* 25. Juni 1926　　† 2. Juni 2010

Manfred und Dagmar S
Erich und Doris S
mit Daniela und Michael
Dr. Brigitte und Lutz L
mit Dennis und Sebastian
Irene S
Hannelore S
Dr. Sven S　und Dr. Sonja S
Kathrin und Alexander L

---

Unser Schützenbruder

## Rudolf Schulze Isfort

ist am 30. 1. 2011 im Alter von 69 Jahren verstorben.

In Dankbarkeit für seine 30-jährige Tätigkeit
im Vorstand, davon zwölf Jahre als Oberst und
Brudermeister, trauern wir mit seinen Angehörigen
und werden ihm ein ehrendes Gedenken bewahren.

**Schützenbruderschaft
St. Lamberti-Mecklenbeck**

Der Vorstand

Hier und da greift das Motto auch den Namen auf. Dabei gelingt nur selten eine so meisterhafte Verdichtung wie bei Abenteurer Kurz. In Kombination mit dem für eine Todesanzeige eher ungewöhnlichen Foto ist die Anzeige ein kleines Kunstwerk.

# KURZ WEG

**ROGER CHARLES KURZ**
* 17. MAI 1963   † 4. NOVEMBER 2010
IST WIEDER UNTERWEGS.

*Er reist alleine, aber mit einem unglaublichen Leben im Gepäck.*

*Barbara Philipp Christiane Thomas Anja*

*Die Abschiedsfeier findet am Samstag, dem 20. November 2010
um 11:00 Uhr in der Grunewaldkirche, Bismarckallee 28b, 14193 Berlin,
und anschließend im MOMM'S, Mommsenstraße 63, 10629 Berlin, statt.*

Auch unsere nächste Anzeige möchte viel mit wenigen Worten sagen und greift dazu auf zwei populäre Zeilen von der heute schon etwas entrückten Sängerin Alexandra und von dem Dichter Erich Fried zurück.

Mein Freund der Baum ist tot.

# Hans-Georg Baum

* 20 April 1925          † 28. Mai 1999

Es ist was es ist, sagt die Liebe.
Dietlind Baum

Gelegentlich wird unsere Vorstellungskraft von einem ungewöhnlichen Kosenamen beflügelt. Dabei nehmen wir an, dass es sich um
eine Sonderform der »Mami« handelt, die am Ende mit langem »I«
gesprochen wird. Doch in diesem Umfeld sind unsere Gedanken nun
mal stark mit dem Tod beschäftigt, sodass uns erst einmal die alten
Ägypter einfallen.

*Das Leben ist so schnell vorbei und drum ist es nicht einerlei.*
*Drum lass ein gutes Wort das Letzte sein, bedenk,*
*das Letzte könnte für immer sein.*

# Heide-Rose „Mumie" K

geb. S

\* 29. 10. 1940        † 10. 1. 2011

**Monika K**
**Rüdiger** und **Monika K**        mit **Sascha**
**Torbjörn-Michael** und **Angelika K**

Auch gibt es familiäre Beinamen, deren
genaue Bedeutung sich Außenstehenden
nicht unmittelbar erschließt. Doch eines
lehrt die Lebenserfahrung: Oftmals sind
es am Ende die »Gnatzigen«, an denen unser Herz besonders hängt.

*Je schöner und voller die Erinnerung,*
*desto schwerer ist die Trennung.*
*Aber die Dankbarkeit verwandelt die Erinnerung in eine stille Freude.*
*Man trägt das vergangene Schöne nicht nur in Trauer,*
*sondern wie ein kostbares Geschenk in sich.*

Heute ist meine über alles Geliebte Oma erlöst worden

*„Die Gnatzige"*

# Johanna G

geb. K

\* 09. 07. 1927        † 08. 12. 2009

Ich   danke   Dir   für   das   wunderbare   Geschenk

In stiller Freude und tiefer Trauer

Über manche Namen würden wir einfach hinweglesen, wenn uns nicht über ihre eigentliche Bedeutung ein Licht aufgesteckt werden würde.

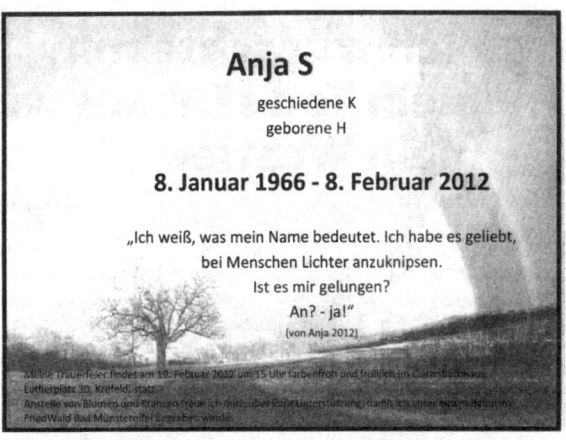

**Anja S**

geschiedene K
geborene H

**8. Januar 1966 - 8. Februar 2012**

„Ich weiß, was mein Name bedeutet. Ich habe es geliebt,
bei Menschen Lichter anzuknipsen.
Ist es mir gelungen?
An? - ja!"
(von Anja 2012)

Meine Trauerfeier findet am 19. Februar 2012 um 15 Uhr farbenfroh und fröhlich im Clarenbachhaus, Lutherplatz 30, Krefeld, statt.
Anstelle von Blumen und Kränzen freue ich mich über Eure Unterstützung, damit ich unter einem Baum im FriedWald Bad Münstereifel begraben werde.

Zum Abschluss unseres Kapitels möchten wir noch darauf aufmerksam machen, dass es sich lohnt, auch die Namen der Hinterbliebenen im Blick zu behalten. Dies umso mehr, als unser letztes Exemplar überleitet auf das nächste Kapitel, das den Anzeigen mit Tieren gewidmet ist.

Nach langem, schweren Leiden entschlief mein lieber Mann und Vater, Schwiegervater, Opa, Schwager, Onkel und Cousin

# Fritz Waldi

\* 18. 11. 1922 † 14. 4. 1992

In stiller Trauer:

**Maria Waldi** geb. Bellen
**Emil und Renate S**        geb. Waldi
**mit Andreas und Steffen**
**sowie alle Anverwandten**

# 13

# »Ich wünschte mir, mein Tod säh' aus wie mein Westie«

Anzeigen mit Tieren

Tiere sind für viele Menschen zu den wichtigsten Ansprechpartnern geworden. Nicht überraschend daher, dass sie immer häufiger auch in den Todesanzeigen auftauchen. Als treueste Begleiter des Menschen haben hier die Hunde naturgemäß die Nase weit vorn. Mensch und Hund bilden eine enge Schicksalsgemeinschaft, wovon bereits unsere erste Anzeige Zeugnis ablegt. Es ist zwar nicht ganz klar, welche Rolle Snupy im Leben von Papa/Opa gespielt hat. Doch eine entscheidende gewiss, denn das Tier wird beim Namen genannt – und Papa/Opa nicht.

Der Tod kann auch Erlösung sein.
Denn Heimweh ist schlimmer
als Hunger und Durst.

*Lieber Papa, lieber Opa,
wir vermissen Dich.*

**Renate
Ute und Detlef mit
Sebastian und Vivien**

Snupy

Auch Freund Bernd H. kommt nicht ohne Hund davon, wenn auch nur in Form eines zart hinterlegten Porträts. Dabei handelt es sich um einen Westie, eine schottische Hunderasse, der bislang kein besonderer Bezug zum Tod nachgesagt wurde. Und doch wird sie uns in diesem Kapitel noch einmal über den Weg laufen.

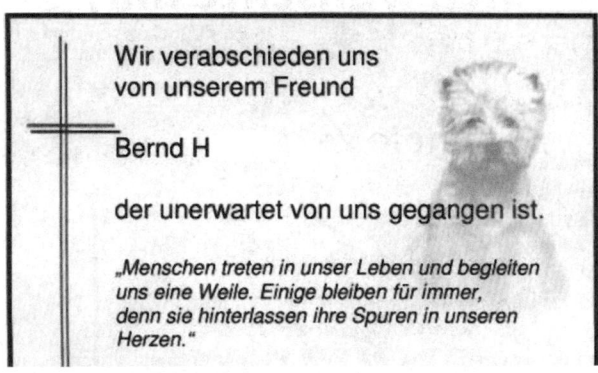

Wir verabschieden uns
von unserem Freund

**Bernd H**

der unerwartet von uns gegangen ist.

*„Menschen treten in unser Leben und begleiten
uns eine Weile. Einige bleiben für immer,
denn sie hinterlassen ihre Spuren in unseren
Herzen."*

Und schließlich wird auch Gerd V. unvermittelt mit einem Hund bedacht. Als Leser, der mit den Verhältnissen der Familie V. nicht näher vertraut ist, können einen Bild und Text schon ein wenig irritieren.

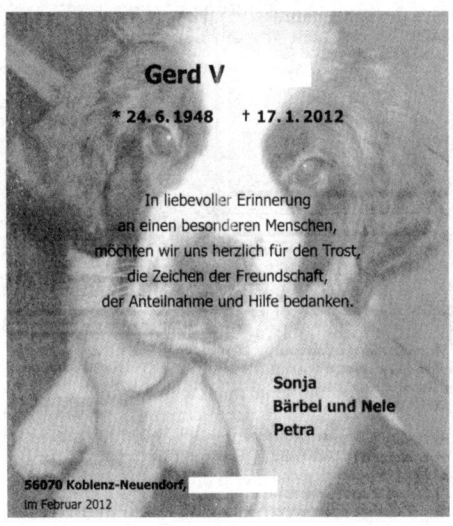

**Gerd V**

* 24. 6. 1948    † 17. 1. 2012

In liebevoller Erinnerung
an einen besonderen Menschen,
möchten wir uns herzlich für den Trost,
die Zeichen der Freundschaft,
der Anteilnahme und Hilfe bedanken.

Sonja
Bärbel und Nele
Petra

56070 Koblenz-Neuendorf,
im Februar 2012

Ein Abschied in der Welt.
Ein Willkommen in der Luft des Universums.

Es muss nicht immer ein Hund sein. Auch andere Tiere eignen sich vorzüglich als Sinnbild für Sterben und Vergehen. So hat uns dieser böse Uhu stark beeindruckt, der Renate Z. in der doch recht dünnen »Luft des Universums« willkommen heißt.

**Renate Z**

geb. G

\* 25. November 1934      † 12. Dezember 2010

Stillschweigen.

Gaby und Martina
Angehörige und Freunde

Dass Katzen »doch die besseren Menschen« sind, muss gelegentlich mal in Erinnerung gerufen werden. Stadtkater Fips hat sich jedenfalls mit vornehmer Zurückhaltung in den Katzenhimmel davongemacht. Da machen wir nackten Affen doch deutlich mehr Theater.

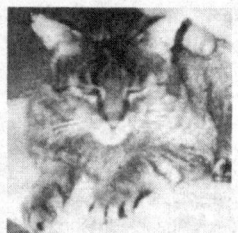

...Tiere sind doch
die besseren Menschen...!

Welzheim, den 18. August 2003

**Unser lieber**

# Stadt-Fips

**hat uns für
immer verlassen.**

Bescheiden, vornehm und klug wie er war,
hat er sich auf leisen Pfoten in den Katzenhimmel geschlichen
und auf diese Weise jenen Individuen, die ihn am liebsten
gewaltsam dorthin verfrachtet hätten,
ein Schnippchen geschlagen. – Dem Himmel sei Dank!

In der Anzeige für Nicki beeindruckt die Formulierung vom »verewigten Hund«, der »mit Schweigen« zu ehren ist. Auch ein Staatsoberhaupt kann man nicht würdevoller zu Grabe tragen.

---

**Am 29. Oktober 1997 nahmen wir trauernd Abschied von unserem geliebten treuen Begleiter**

# Nicki.

**Wer den verewigten Hund kannte, wird unseren tiefen Schmerz gerecht finden und ihn durch Schweigen ehren.**

---

Nicht nur große Tiere können tiefe Gefühle wecken. Und doch weiß man nicht recht, wen man mehr bedauern soll: Den toten Chinchilla Seppi oder Dieter R., der ein zwanzig Zentimeter großes Pelztier zum besten Freund hat.

*Er war und bleibt ewig **mein bester Freund!***

# Seppi
Chinchilla

Nach 22 Jahren
musste ich Abschied nehmen.
Ich werde ihn nie vergessen.

## Dieter R

N

, Hellerrain 5, den 20. August 2004

Hündin Trixi wird mit einer beeindrucken-
den Gedenkanzeige geehrt. Doch trauert
das »treue Herrchen« wenigstens nicht
allein.

Es gibt Wunden, die heilen nie.
Ein Jahr ohne Dich!

# Trixi

\* 01. 01. 1999     † 23. 05. 2009

Dich zu lieben war leicht,
ohne Dich zu leben ist sehr schwer.
Unsere Verbundenheit wird „nie" sterben.
Immer werde ich hoffen, dass wir uns eines Tages in einer anderen
Welt wieder finden.

Du fehlst uns schmerzlich.

**Dein treues Herrchen
Deine besten Freundinnen Tanja, Madlen, Gerdi
und alle die Dich kennen.**

Für Hündin Gerda, von Freunden liebevoll
»Gerdachen« gerufen, wurde sogar ge-
meinschaftlich gebetet.

*Am 12.12.2009 verstarb nach Krankheit
meine geliebte Hündin Gerda*

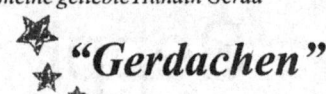 

## *"Gerdachen"*

*Im Namen von Gerda, möchte ich mich bei allen Nachbarn
und Freunden bedanken, die ihr mit Vertrauen und
liebevoller Aufmerksamkeit begegneten.*

*Besonderer Dank gilt Gerhard und Maren, die sich liebevoll
um sie sorgten und in Gebeten immer wieder dafür
einstellten, dass sie friedlich gehen durfte.*

***Sabine K***

*Bredenbock, im Dezember 2009*

Auch am Arbeitsplatz können Tiere eine schmerzliche Lücke hinterlassen. So wie der freundliche Golden Retriever Paul, der in den Redaktionsräumen einer großen Wochenzeitung sehr gern gesehen war.

# Paul

1989 – 2003

Seine feine Nase haben wir ebenso geschätzt wie seine klugen Instinkte und sein sanftes Wesen.

Jahrelang ist er in unseren Büros ein und aus gegangen, der freundlichste Golden Retriever von allen. Wir werden ihn vermissen.

Die ZEIT-Redaktion

Der Araberwallach mit dem ungewöhnlichen Namen »BS Ddantin« ist einer Brandstiftung zum Opfer gefallen. Und so kombiniert Besitzerin Petra B. ihre Traueranzeige mit einem Fahndungsaufruf.

Es trauern Familie Kurt B          mit Zita, Petra und Pferdepartnerin Maliha um den tragischen Tod ihres Araberwallaches

# BS Ddantin

\* 15. April 2000 - 4. Mai 2010

der bei einer Brandstiftung im Stall ums Leben kam.

**Für Hinweise zur Ergreifung des/der Täter setze ich, Petra B            , eine Belohnung von 1000,- Euro aus.**

**Hinweise erbeten an die Polizeiinspektion Edenkoben:**
☎ **06323/955-0**

Petermann – geh du voran!

# petermann

### 1947 – 1985

Zur Gedenkfeier laden wir ein
um 15.30 Uhr, St. Norbert im
Kapital

Statt Karten        Stadtgarten

Auch Zootiere bekommen heute ihre Todesanzeigen. Das gilt insbesondere für
prominente Vertreter wie den legendären
Schimpansen Petermann, der überaus ge-
walttätig aus dem Kölner Zoo ausbrach
und auf der Flucht mit Affengenossin Susi
von der Polizei niedergestreckt wurde.
Ehe ihn die tödlichen Kugeln trafen, soll er
noch die linke Faust in den Abendhimmel
gereckt haben. Seitdem gilt Petermann in
der alternativen Szene als »einzig wahrer
Anarchist« von Köln.

Dass Tierfreunde ihren Lieblingen einen letzten Gruß nachsenden, kommt heute häufiger vor, wie wir gesehen haben. Umgekehrt ist das weit seltener der Fall. Doch auch der liebe »Lumpi« lässt sich nicht lumpen und bellt seinem Herrchen Horst B. ein paar Reime hinterher.

Liebes „Herrchen", ich vermisse dich sehr beim „Gassi" geh'n,
kann aber jeden Tag an deinem kleinen Ruheplätzchen steh'n.
Ich muß noch sehr dankbar sein,
daß ich noch kann bei „Frauchen" sein.

Dein lieber „Lumpi"

**Danksagung**

Nun hast du dein eigenes kleines Reich gefunden.
Dort ruhst du aus, von des Lebens schönen und schweren Stunden.
Noch allein! – Bis der Tag wird kommen,
bis wir wieder in Liebe vereint zusammen können sein.

**Wohltuende Anteilnahme!**

Sei es durch stillen Händedruck, liebevoll geschriebene Worte, Blumen, Geldzuwendungen sowie für die erwiesene Ehre durch Teilnahme an der Trauerfeier für unseren lieben Entschlafenen

# Horst B

Zum Abschluss unser bestes Stück: Kann man dem Tod gelassener begegnen als Emilie D., die sich ihren Westie als wuselnden Todesengel vorstellt?

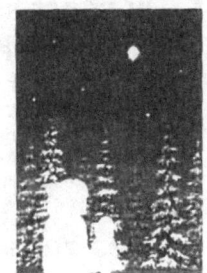

Ich wünschte mir, mein Tod säh' aus wie mein Westie.
Er springt mit seinen kleinen, starken Pfoten auf meine Brust
und tritt ganz sanft den letzten Funken Sein aus meinem Herz.
So nah und freundlich ist sein kleines Gesicht,
in seinen braunen Augen liegt die Ewigkeit.
Sein Bellen füllt das All,
mein Puls geht nun in seinem Rhythmus auf,
ich bin bei Dir, noch einmal streicheln –
und gleite aus der Zeit.

# Emilie D

geb. B

\* 9. Oktober 1922        † 3. Mai 2003

Mit wachem Geist lebte und wirkte sie und nahm an ihrer Umwelt aktiv und voller Verantwortung teil, stets in dem Bestreben etwas Neues zu erkunden. Zu früh, aber ohne zu leiden, ist sie sanft eingeschlafen.

# 14

# »We love you volle Pulle«

## Letzte Grüße unter Freunden

Todesanzeigen werden bestimmt durch die klassischen drei F: Nach der Familie und der Firma sind es die Freunde, die sich vom Verstorbenen verabschieden. Und wenn unser Eindruck nicht täuscht, tun sie das immer häufiger. Grund genug, dass wir uns in diesem Kapitel mit ihren letzten Grüßen beschäftigen, die sich schon sehr weit von der konventionellen Traueranzeige entfernen können. So schlagen Freunde häufig einen recht lockeren Ton an – wie etwa in unserer ersten Anzeige, in der nicht einmal der Name vom »unglaublichen Hacki« mitgeteilt wird. Aber wer Ingrid, Georg, Jenga, Nicol und Claus kennt, der wird schon wissen, welcher liebenswerte Nörgler gemeint ist.

---

## Du warst schon ein unglaublicher HACKI!

**Deine Nörgelei war schöne Unsicherheit.**
**Deine Provokation war reine Herzlichkeit.**
**Deine Verbalattacken waren wohlige Wärme.**
**Deine Anwesenheit war tiefe Freundschaft.**

## Alles zusammen war Charakter und Format.

Danke schön, dass Du bei uns warst.
Wir sind sehr, sehr stolz auf Dich.

Deine Freunde
Ingrid, Georg, Jenga – Nicol und Claus

---

Auch Elvira hatte offenbar so ihre sympathischen Ecken und Kanten. Und eine stattliche Anzahl von Freunden.

DU WARST NICHT PERFEKT,
ABER DU WARST PERFEKT DU SELBST.
DAS MACHTE DICH SO LIEBENSWERT
UND WERTVOLL FÜR UNS.

Charlotte  Werner  Uschi  Sabine  Bernd  Pede
Willy  Jutta  Jürgen  Petra  Thomas  Caro  Mike
Manfred  Martina  Tine  Ebe  Silvia  Wolfram
Andrea  Berthold  Otto  Regina  Andreas  Evelyn
Andreas  Sigi  Patrick  Beatrice  Sybille  Norbert
Fini  Florian  Erika  Walter  Carlheinz  Christel

Als fantasievoller, kenntnisreicher und geduldiger Mensch bleibt Mark Z. in Erinnerung. Solche hingetupften Porträts gelingen besonders gut den Freunden.

Was ist Tipp-Kick? „Da drückst Du aufs Köpfchen und dann bewegt sichs Beinchen."

# Mark Z

Geduldiger Erklärer, Erfinder des Schwanenkarate und bester Freund, den man sich wünschen kann.

Du bist nicht weg. Du bist nur woanders.
Bisch näxt Woch, Mark.

Deine Dich liebenden Freunde

Clemens, Frank und Manfred

Manchmal genügt nur ein einziger Satz, und wir ahnen, was für ein ganz besonderer Mensch der Verstorbene gewesen ist.

„Wer streut jetzt das Salz seiner Laugenbrezeln
bei Eisglätte..."

Der liebste Freund,
ein ganz besonderer Mensch,
hat uns verlassen.

# Björn

\* 16. September 1961          † 5. Dezember 2011

Wir sind unendlich traurig

Etwas traurig macht sie uns schon, die Anzeige für Stefan S., der in einer Stadt lebte, in der er nicht recht heimisch werden konnte. Doch wie gut haben das seine Freunde auf den Punkt gebracht.

## Nachruf
Er lebte 20 Jahre in unserer Stadt,
hier fand er viele die ihn mochten,
fand viele denen er ein Freund war.
Sein Glück, das fand er nie.

Wir trauern um

## Stefan S
Er hinterlässt eine große Lücke (und das als Zahnarzt).

Mach's gut Stef.
**Günther, Iris, Diny, Guido, Hanne, Dieter,
Michael und Sabine**

Es könnte sein, dass ich
als Wurm wiedergeboren werde,
also pass auf, wohin du trittst.
Karl-Heinz, Insel Rab 2007

Unfassbar und viel zu früh
verstarb im Alter
von nur 62 Jahren

# Karl-Heinz
# S

## *„Charly"*

\* 5. Mai 1948   † 11. Juli 2010

45 Jahre sind wir durch dick und dünn gegangen,
haben auf unseren Reisen viel Schönes gesehen und erlebt.
Deine letzte große Reise musst Du nun alleine antreten.

Vaya con dios Amigo
Dein Freund Willibald
mit Martina

Eine gewisse Neigung zur Selbstironie
zeichnete den lässigen Karl-Heinz S. aus.
Zumindest hat er auf der kroatischen Insel
Rab ein denkwürdiges Statement hinterlassen, an das sich seine Reisegefährten
bei dieser Gelegenheit gerne erinnern.

In der Anzeige für Alexander B. beeindrucken vor allem die Namen der »Freunde von der Graben-Ranch«. Unser Leser, von dem wir dieses Exemplar bekommen haben, fügte noch missbilligend hinzu: »Die Frauen am Schluss: das sind Machos!« Ihren Namen nach zu urteilen gehörten die fünf Frauen aber wohl gar nicht zum engeren Freundeskreis von »Teddy«. Vielleicht sind sie die Partnerinnen von Ampel, Camacho, Spermy oder einem andern Grabenrancher und trauern solidarisch mit.

Zum Gedenken
an unseren Kameraden und Freund

# Alexander B
# "Teddy"

der durch einen tragischen Unfall viel zu früh von uns ging.
Wir werden dich stets als guten Kameraden in Erinnerung behalten.
Wir sind dankbar für deine Freundschaft und die Zeit mit dir.

**Deine Kameraden und Freunde der Graben-Ranch**
Ampel, Camacho, Corny, Fibo, Gringo, Linus, Nylli, Otto, Ralf,
Schad, Sloty, Spermy, Wolle, Frank, Hebbe, Opa,
Alex, Christine, Katja, Nicole, Ute und Yvonne

Bei der Anzeige für Addy scheint immerhin klar zu sein, dass seine Freunde ihn vermissen. Was aber sonst noch vorgefallen ist und was er in den »anderen Visionen« so treibt, darüber darf gerätselt werden.

**Alles darf vorkommen,
nur eines
nicht ......?**

# Addy

Wir vermissen Dich:
Heidi, Thomas, Karl-Heinz,
Verena, Laura, Jan, Andreas und Jacqueline

**Ein Original betritt
andere Visionen.**

Rockmusiker Michél W. wird von seinen vielen Freunden mit einem schönen Spruch in den Gitarrenhimmel verabschiedet.

Ein Rockstar verlässt die Bühne ...

– Micele Mice –

# Michél W

\* 04. 01. 1975    † 15. 01. 2012

Wer ihn kannte, weiß, was wir verloren haben.
Rinjehauen Pupsi – we love you volle Pulle!

**Deine Freunde**
Kristin, Rübe, Matze & Dani, Klaus & Claudia, Björn (Juffe),
Zottel, Fabian (Mappe), Matze P., Dave & Tina,
Jensen & Steffi, Ringo, Schlabs, Mel & Mario, Steffi,
Jule D., Svenja, Ecki & Kim, Bert & Niene, Katrin, Tobi & Claudi,
Maxi, Olli, Grit, Sandra, Conny (Z      ), Jule(s), Jule & Alwin,
Peter Z. & Familie, Ole, Sascha, Bommel, Wolfram, Betsy,
Ludwig, Yvonne & Peter & Chiara, Kathrin, Katharina,
Hans & Elke, Yvonne & Sven

Dagegen zeigt sich die »Partygemeinde« vom Ableben ihres Freundes Niko S. nicht übermäßig beeindruckt. Auch scheint der »Abbruch« ihrer Feier den Gemeindemitgliedern ein recht vertrautes Vorkommnis zu sein.

# Niko Schweichler

Abbruch!
Nur - Warum heut' so früh?

Deine Freunde,
die Partygemeinde

Deutlich mehr Lebensart begegnet uns in der Anzeige für Jutta H., die man zu ihren vier langjährigen Freundinnen nur beglückwünschen kann.

# Jutta H

12. Januar 1945 – 28. August 2012

Mehr als 30 Jahre haben wir uns gemeinsam durch die Hamburger Restaurantszene geschlemmt.

Du wirst uns sehr fehlen.

Karin
Karin
Erika
Evi

Gemeinsame Vorlieben einten auch Traudl M. und Marie-Luise. Dabei geraten die Vorzüge der verstorbenen Freundin durch den überschäumenden Enthusiasmus für die »Super-Zeitung« ein wenig in den Hintergrund.

Meine Freundin

# Traudl M

ist am 27. April gestorben.

ICH VERMISSE DICH SEHR !

Wir wollten doch noch sooo Vieles gemeinsam unternehmen - und mit wem werde ich jetzt die SZ lesen, diskutieren und immer wieder feststellen,
was für eine Super-Zeitung wir abonniert haben.

Marie-Luise

**Jüppi F** ist plötzlich verstorben.

Ein netter Kerl, ledig, immer hilfsbereit,
immer und überall gesprächsbereit,
vom Charakter echter Niederrheiner,
treue Seele und friedliebend.

**Er war unser Freund.**

Wir trauern

**Klaus M , Karl G , Mathias P , Harald K ,
Harry H , Horst L , Siegfried R .
(Alle vom Kegelclub, jetzt Plauderclub)**

Auch bei Jüppi F. vom Niederrhein bildeten die gemeinsamen Freizeitaktivitäten die entscheidende Grundlage. Im Laufe der Jahre wurde so aus einem liebenswerten Kegelbruder ein »immer und überall gesprächsbereiter« Freund – und aus einem Kegelclub ein Plauderclub.

**Jahrgang 1919/20
Fellbach**

Wir trauern um unsere liebe
Alterskameradin

**Irmgard L**

Die Beerdigung ist am
Freitag, dem 4.1.2013,
um 14 Uhr auf dem
Kleinfeldfriedhof in Fellbach.

Wir begleiten unsere liebe
Anneliese auf ihrem letzten
Erdenweg.

Im hohen Alter lichten sich die Reihen der Freunde mehr und mehr. Und man selbst wird auch schon ein wenig tüdelig. Dann kann es passieren, dass man nicht mehr so genau überblicken kann, welche liebe Alterskameradin man aktuell zu Grabe trägt: Irmgard oder Anneliese?

Wer mit dem Computer aufgewachsen ist, hat seine ganz eigene Art, sich einer Weggefährtin zu erinnern.

Dein Lachen ist von uns gespeichert

# Tschüß Antje

Anke, Barbara, Bine, Diana, Gitta, Karin, Lieschen, Marlies, Nicole, Pedi, Steffi, Sarah, Sanne, Tina, Tanja

Bei unserem letzten Beispiel sticht das ungewöhnliche Bildmotiv hervor. Kunsthistoriker werden mit der Zunge schnalzen. So viele Motive für Vergänglichkeit und Tod gibt es zu entdecken: Der Blick in den Spiegel, der Totenkopf auf dem Zahnputzbecher, die Drachentätowierung auf der Schulter. Außerdem leitet das gute Stück zu unserem nächsten Kapitel über, das den Anzeigen mit Fotos gewidmet ist.

## Patrick N

✳ 24.07.1966
† 25.02.2003

**Niemals geht man(n) so ganz...**

Deine Freunde

Die Beisetzung/Trauerfeier findet am 11.04.2003, 14.30 Uhr auf dem Friedhof „Alter Kirchhof Schöneberg", Hauptstr. 47, Berlin, statt. Bus 104/148/187/348, Dominicusstr./Hauptstr. Anschl. Beisammensein in der „Scheune"

# 15

# »Kopf hoch, auch wenn die Schuhe nicht geputzt sind«

## Anzeigen mit bemerkenswerten Fotos

Noch immer sind Fotos in Todesanzeigen die Ausnahme – und daher ein sicherer »Hingucker«. Doch mit der allgemeinen Auflockerung des Designs tauchen sie nun häufiger auf, die Bilder der Verstorbenen. So etwas wäre in früheren Zeiten undenkbar gewesen. Dabei können ihre Fotos eine große Bereicherung sein, wie wir auf den folgenden Seiten sehen werden.

Das zeigt schon unser erstes Beispiel: Die Dankanzeige vom sympathischen Tommy S. berührt uns durch sein Foto noch stärker. Und der Hinweis aus dem Jenseits, dass es sich nicht etwa um eine brandaktuelle Aufnahme handelt, verleiht dem Ganzen darüber hinaus eine etwas gespenstische Note.

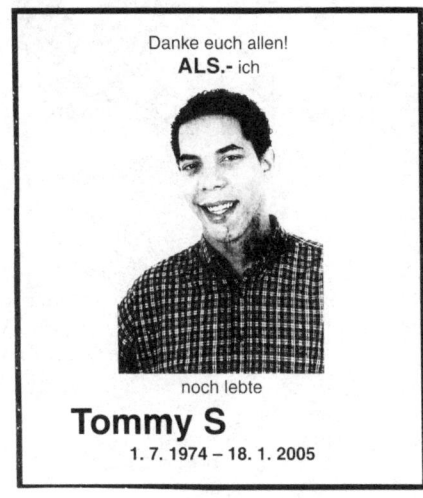

Danke euch allen!
**ALS.-** ich

noch lebte
## Tommy S
1. 7. 1974 – 18. 1. 2005

*Ich grüße Euch, mir geht es gut!*

*Euer Lutz*

Aus anderen Gründen irritiert der Fotogruß von Lutz. Offenbar wandelt er noch unter den Lebenden und schaltet doch schon mal eine Anzeige unter den Toten. Vielleicht hat der ein oder andere Bekannte ja auch erwartet, ihn in diesen Spalten vorzufinden, und kann nun erleichtert zum Sportteil weiterblättern.

Während die Anzeige für Lutz offenlässt, ob es ihm tatsächlich noch auf Erden oder schon im Himmel gut geht, wird Elfi H. mit einem Foto verabschiedet, das wohl in jeder Hinsicht grenzwertig ist.

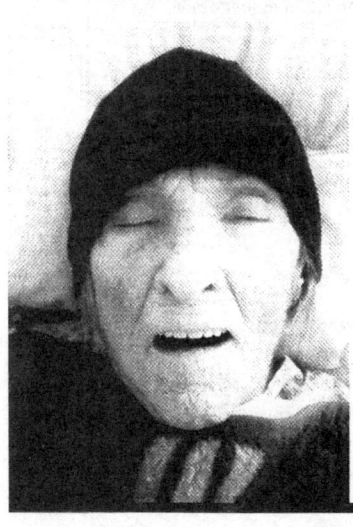

...UND ALS GOTT SAH,
DAB DER WEG ZU LANG,
DER BERG ZU STEIL
UND DER ATEM ZU SCHWER
GEWORDEN WAR,
LEGTE ER DEN ARM UM DICH
UND SPRACH: „KOMM'HEIM."

MA, WIR DANKEN DIR
VON GANZEM HERZEN -
WE WILL MISS YOU.

ELFI H
•25.10.1917  +8.02.2012

TRAUERFEIER
FREITAG, 17.FEBRUAR,14 UHR
KAPELLE WALDFRIEDHOF, ROTENBURG
ES SPRICHT HANS-PETER D

Fotos ermöglichen es dem außenstehenden Leser, vom Verstorbenen einen unmittelbaren Eindruck zu bekommen, was ihn uns gleich näherbringt. Doch nicht jedes Bild erlaubt es, den Betreffenden ohne Weiteres wiederzuerkennen.

Der Glaube tröstet wo die Liebe weint.

# Karl M

\* 30. 11. 1924 - † 9. 3. 2012

Du warst es wert so sehr geliebt zu werden.
Du bist es wert, dass so viel Traurigkeit
geblieben ist an deiner Stelle.

Juliana, Ehefrau
Renate, Monika, Heidi, Barbara
und Carola, Töchter mit Familien
im Namen aller Verwandten.

Rainer H. tritt uns in einer unerwarteten Doppelrolle entgegen. Doch auf diese Weise können wir erkennen, was für ein sympathischer Krawattenträger in dem Weihnachtsmannkostüm steckte. Und umgekehrt: dass der seriöse Herr eine soziale Ader hatte und sich nicht scheute, selbst Bart, Mantel und Mütze anzulegen.

*Ich habe euch nicht verlassen,*
*ich bin nur ein Stück voraus gegangen*

# Rainer H

Nikolaus Aktion
„Ein Herz fürs Olgäle"

\* 27. Januar 1940      † 7. Februar 2011

Diplombrauingenieur Maximilian D. begegnet uns an vier Stationen seines Lebens. Zusammen mit dem Motto von Konfuzius ergibt das eine stimmige Anzeige.

Dreifach ist der Schritt der Zeit:
Zögernd kommt die Zukunft hergezogen,
Pfeilschnell ist das Jetzt entflogen,
Ewig still steht die Vergangenheit.

Konfuzius

Dipl.-Brauing.

# Maximilian D

\* 21. Januar 1921　　　　† Juni 2010
Vilsbiburg　　　　　　　　Celle

Wir werden Dich sehr vermissen.
In großer Dankbarkeit und Liebe:
**Thomas und Christine D**
**Fred und Martina B　, geb. D**
**sowie die Enkelkinder:**
**Daniel, Sebastian, Leon und Charlotte**

Familie B　, 38114 Braunschweig,

Die Trauerfeier findet am Mittwoch, dem 28. Juli, um 11.00 Uhr in der Aussegnungshalle Ostfriedhof St. Martinsplatz in München statt. Um 14.30 Uhr erfolgt die Urnenbeisetzung auf dem Friedhof Haidhausen.

*„Kopf hoch –
auch wenn die Schuhe nicht geputzt sind."*

# Otto Wilhelm S

\* 12. August 1938    † 26. Januar 2011

Motto und Bild ergänzen sich auch beim großzügigen Genussmenschen Otto Wilhelm S. aufs Trefflichste.

Wir sind unfassbar traurig.

Aber wir sind auch unsagbar glücklich und voller Dankbarkeit, von diesem außergewöhnlichen, gradlinigen und großzügigen Menschen geliebt worden zu sein.

Danke!

Bertina S

Sabine S

Stephan und Petra S        mit Luca

Ingeborg S

Dr. Peter und Andrea S        mit Benedikt

48149 Münster,

Wir sagen „Tschüss" am Montag, dem 7. Februar 2011, um 11.30 Uhr in der Kapelle des Zentralfriedhofes, Robert-Koch-Straße 11, 48149 Münster. Anschließend erfolgt die Beisetzung der Urne.

Blumen und Kränze sind eine große Wertschätzung, dennoch freuen wir uns über eine Spende unter dem Stichwort „Otto S    " an:

Palliativnetz Münster e.V.
Sparkasse Münsterland Ost
Konto Nr. 135186815
BLZ 400501 50

„Hilfe für das nierenkranke Kind"
Sparkasse Münsterland Ost
Konto Nr. 362392
BLZ 400501 50

Recht entspannt verabschiedet sich das Fotostudio SL von seinem Mitarbeiter Hannes. Dabei bleibt offen, was der Star des Studios im Einzelnen geerntet haben mag.

*Hannes*
\* 03.10.1962  † 04.12.2010

In der „ERNTEZEIT"
warst Du der Star..

*Nun bist auf der Reise*
*in eine neue Location...*

Wir werden Dich vermissen

FOTOSTUDIO SL
*Weert & Sonja*

Christian M. war zu Lebzeiten ebenfalls ein Pfeifenmann – wenn auch im fußballerischen Sinne. Dass er sein Amt im Himmel fortzusetzen gedenkt, lässt erkennen, wie engagiert er die Sache betrieben hat.

Tschüss, an alle die mich kannten und mochten.

Jetzt pfeif ich im Himmel…

# Christian M

Schiedsrichter

\* 4. August 1938     † 17. November 2010

In unseren Herzen lebt er weiter.

Gisela S
Claudia S    mit
Sandra, Daniel, Charlotte

50737 Köln (Weidenpesch)

Die Beisetzung findet im engsten Familienkreis statt.

Manche Fotos geben Aufschluss darüber, wie jemand in Erinnerung behalten werden soll. Das gilt vor allem, wenn jemand ein so langes und erfülltes Leben gehabt hat wie Friedl Finke Nicolai G.

*Das größte Glück war, im richtigen Alter in der richtigen Zeit am richtigen Ort gelebt zu haben.*

### Friedl Finke Nicolai G
*16. Juli 1912 – 20. Dezember 2010*

Wir haben bei der Seebestattung von ihr Abschied genommen. Wibke und Stefan B          ,
Armin F    , Doris und Bernd K      , Juliane N
und Regina S

Günther S

21.04.1953
04.05.2012

Er musste im Leben viel ertragen.
Nicht einmal der Tod ging sanft mit ihm um.

Wir sind sehr traurig.

Bastian S          | Manfred K

Echte Meisterschaft zeigt sich dort, wo Text und Bild so stimmig zusammenwirken wie in der Anzeige für den leidgeprüften Günther S.

*Josef H*

* 18. 2. 1938       † 28. 6. 2010

Vor 2 Jahren bist Du in ein ...     ... anderes Leben gesprungen.

Wir vermissen Dich sehr!

*Deine Familie*

Es muss nicht immer das Porträtbild sein: Bei Josef H. sind die Hinterbliebenen auf ein anderes aussagekräftiges Bildmotiv gestoßen.

Mehr als zwanzig Jahre nach seinem Tod erscheint die Erinnerungsanzeige für Richard M. Aufgegeben hat sie seine Zwillingsschwester.
Durch die schlichten Sätze und die drei Kinderfotos, die Ilse gewiss
mit Bedacht gewählt hat, geht einem diese Anzeige ungewöhnlich
nahe.

In Erinnerung an meinen Zwilling

# Richard M

* 10. Dezember 1969      † 17. April 1987

der jetzt mit mir 40 Jahre geworden wäre.

Die Tränen sind längst getrocknet,
aber die vielen schönen Erinnerungen bleiben.

In Liebe Ilse

Unsere letzte Anzeige liefert den Beweis:
Wenn man das passende Foto einsetzt,
kann man auf Worte ganz verzichten.

# 16

# »Ich trauere um Amy Winehouse«

## Mehr oder weniger bekannte Verstorbene

Hin und wieder stoßen wir auf Anzeigen von Leuten, die wir zwar nicht persönlich kennen, die uns aber doch bekannt sind. Weil sie Bücher geschrieben haben, im Fernsehen aufgetreten sind oder irgendetwas Besonderes vollbracht haben. Dann erwarten wir, dass sich diese Anzeigen von denen der »Normalsterblichen« unterscheiden. Oft tun sie das auch – auf die eine oder andere Art, wie wir in diesem Kapitel sehen werden.

Dabei machen diese Anzeigen meist wenig Worte. Der Verstorbene ist ja bekannt oder sogar berühmt. Außerdem besteht vielleicht eine gewisse Scheu, etwas zu äußern, das als banal oder anmaßend empfunden werden könnte. Ganz besonders gilt das wohl für unsere erste Anzeige, die der Verlag Klett-Cotta für den österreichischen Schriftsteller Jean Améry aufgegeben hat. Améry hat damals seinem Leben selbst ein Ende gesetzt. Zwei Jahre vor seinem Tod erschien bei Klett-Cotta das Buch »Hand an sich legen. Diskurs über den Freitod«. Da fällt es schwer, die richtigen Worte zu finden. Und so gleicht seine Anzeige einer Gedenktafel.

**Jean Améry**

(1912—1978)

Klett – Cotta

Die Opernsängerin Astrid Varnay (1918–2006) hat sich als herausragende Wagner-Interpretin einen Namen gemacht. Daher darf ausschließlich der Meister selbst zu Wort kommen, um sie zu ehren. Die prosaischen Lebensdaten werden hingegen ebenso wenig genannt wie die Absender der Anzeige. Weil ja ohnehin die gesamte Opernwelt trauert.

# Astrid Varnay

**„Keine wie sie..."**

(Die Walküre, 3. Akt)

# Lieber Gott, viel Spaß!

 Der Art Directors Club Deutschland trauert um sein Ehrenmitglied Vicco von Bülow.

Vicco von Bülow alias Loriot gilt als Meister des gehobenen Humors. Was liegt da näher, als den Höchsten zu beglückwünschen, dass er nun exklusiv vom Erfinder des »Kosakenzipfels« unterhalten wird?

Wer zu Lebzeiten für Heiterkeit gesorgt hat, wird nicht immer mit einem humorvollen Unterton verabschiedet. Erst recht nicht, wenn sein Tod so plötzlich gekommen ist wie beim Schauspieler und Fernsehkomiker Dirk Bach. Dann steht die Welt auch für die lebenslustigen »Mäuse« Conny und Hella einen Moment lang still. Das Bild zeigt Bach in der Rolle als »kleinen König Dezember«. Kurz vor der Premiere war er gestorben. Dabei war für den kleinen König der Tod doch abgeschafft worden. In seiner Welt werden die Menschen immer kleiner, bis sie verschwinden.

Die Welt steht still.
Die Liebe bleibt!

Dirk Bach
23.4.61 - 1.10.12

Deine Mäuse
Hella & Conny

Mit einer tiefen Verbeugung verabschieden sich die Mainzelmännchen von ihrem
Erfinder Wolf Gerlach. Nur einer muss
den Kopf hochhalten, um Danke zu sagen.

**DANKE, WOLF!**

Wir verneigen uns in dankbarer Erinnerung
an unseren Schöpfer und Freund Wolf Gerlach

**ANTON, BERTI, CONNI, DET, EDI, FRITZCHEN**

und das Team der NFP animation film GmbH

Was für das ZDF die Mainzelmännchen,
das sind für den SWR die beiden Figuren
Äffle und Pferdle, die ebenfalls zwischen
den Werbespots auftreten, damit mehr
Leute zuschauen. Ins Leben gerufen hat
sie der Filmproduzent Armin Lang. Und so
sehen die beiden Geschöpfe doch recht
bekümmert aus.

Die Todesstunde ist die Geburt          straße 43
zu einem neuen, herrlicheren Leben.    70    Stuttgart

*Armin Lang*

\* 26.März 1928   † 12.Mai 1996

Nach einem erfüllten Leben, in dem er viele Menschen erfreut hat, mußten wir Abschied
nehmen.

Von den Werbeunterbrechern zu den Werbern selbst: Als Texter gehört Reinhard Siemes zu denen, die mit der branchenüblichen Bescheidenheit zu den »Legenden« gezählt werden. Der Satz, mit dem er verabschiedet wird, spielt auf eine Geschichte an, die unter Werbern sehr bekannt ist und die gleichfalls zu den Legenden gezählt werden muss: Ein Werbetexter kommt mit einem blinden Bettler ins Gespräch, der sich darüber beklagt, dass die Leute kaum etwas in seinen Hut legen. »Kein Wunder«, sagt der Werber, »der Text auf Ihrem Schild taugt nichts.« – »Wieso?« fragt der Bettler, »er ist kurz und es steht alles drauf, was die Leute wissen müssen, nämlich: Habe Hunger.« – »Das stimmt«, erwidert der Werber. »Aber wenn Sie wollen, schreibe ich Ihnen einen neuen Text. Dann werden wir sehen, was passiert.« Gesagt, getan, der Werber tauscht das Schild aus und nach kurzer Zeit ist der Hut voller Münzen. Der Bettler ist beeindruckt: »Was haben Sie denn auf das Schild geschrieben?« Der Werber antwortet: »Es ist Frühling. Und ich bin blind.«

# Es ist Frühling und Reinhard Siemes ist tot.

29.8.1940 – 16.4.2011

Freitag, 29. April 2011, 15.30 Uhr, Friedhof Kostrivnica bei Rogaska Slatina

Emil Siemes, Alexandra mit William Nikolai Klüh, Heike, Hartmut, Marianne Siemes und Ika Bratuscha, Zdraviliski trg 1, 3250 Rogaska Slatina, Slowenien

## Ich trauere um
# Amy Winehouse
### Bert H

Gerade bei den Verstorbenen, die zu den Berühmtheiten gezählt werden, kann es vorkommen, dass bittere Tränen auch von denen vergossen werden, die nicht im landläufigen Sinn zu den »Hinterbliebenen« gezählt werden.

Es gibt aber auch Leute, die ihren Idolen so sehr nacheifern, dass sie gleichsam ihre eigene Identität ablegen und vollkommen in die Rolle ihres Vorbilds schlüpfen. In besonderem Maße dürfte das auf die zahllosen Imitatoren des »King of Rock 'n' Roll« zutreffen. Und weil die auch nicht unsterblich sind, muss Elvis Presley immer wieder zu Grabe getragen werden.

# ELVIS IST TOT

## Das Winklerhaus trauert um

## Helmut W

Der sozialdemokratische Politiker und Rechtsanwalt Paul Levi ist auch einer politisch interessierten Öffentlichkeit weitgehend unbekannt. Umso bemerkenswerter, dass 80 Jahre nach seinem Tod in einer Traueranzeige an ihn erinnert wird. Auch wenn nicht zu erfahren ist, von wem.

Gegen das Vergessen

# Dr. iur. Paul Levi

Todestag 9. Februar 1930

Unsere letzte Anzeige gilt dem Journalisten und Autor Claus Heinrich Meyer, der es gewiss ebenso verdient hätte, dass in 80 Jahren noch jemand für ihn eine Anzeige schaltet. Denn »c.h.m.« (wie er seine Texte unterschrieb) war ein exzellenter Stilist, der einen ebenso ehrenhaften wie aussichtslosen Kampf gegen die »Versaubeutelung« der deutschen Sprache führte. So stellte er beispielsweise eine Verbotsliste mit Begriffen auf, mit denen er niemals belegt werden wollte: »No Urgestein. No Querdenker. No Moralist.« An so jemanden erinnert man am besten, indem man ihn möglichst ausführlich selbst zu Wort kommen lässt. Zumal wir damit überleiten zu unserem nächsten Kapitel, das den Zitaten gewidmet ist.

Wer nicht sterben, nicht an den absolut unerwünschten (Gevatter) Tod erinnert werden will, stellt sich vor, er werde in die Ewigkeit abberufen. Hört sich an wie Beförderung; vor uns erscheint, als wär's ein Stück der TUI, die Insel der Seligen, beweidet von BSE-freien Schäflein und knuddeligen Highland-cattles, und irgendwann, Gott behüte, treffen sich dort Agnostiker und Gläubige im Restaurant „Jenseits" bei Pinot Grigio satt.

(c.h.m. in der „Zwischenzeit" vom 8. März 1997)

# Claus Heinrich Meyer

17. April 1931    20. Dezember 2008

Lieber Claus, nichts gegen das Restaurant „Jenseits", aber Deinen Geburtstag – diesen und ein paar mehr – hätten wir ganz gern noch hier gefeiert, bei Pinot Grigio oder was immer.

# »Harry, hol schon mal den Wagen«

## Ungewöhnliche Zitate

Ein beliebtes Gestaltungsmittel von Todesanzeigen ist das Zitat: Geflügelte Worte, bewährte Bibelsprüche oder die unverwüstlichen Sätze aus dem »Kleinen Prinzen« von Antoine de Saint-Exupéry. Mehr oder weniger tröstliche Sentenzen über das Werden und Vergehen, Glaube, Liebe, Hoffnung, und dass man »nur mit dem Herzen« gut sieht. So war das zumindest früher und vielfach ist das heute noch so. Und doch hat sich nach unserem Eindruck der Fundus, dem Zitate entnommen werden, stark erweitert. Es wird aus Quellen geschöpft, die früher als nicht zitierfähig gegolten hätten. Allerdings lässt sich gerade mit ihnen dem letzten Gruß eine ganz persönliche Note geben. Wie in unserem ersten Beispiel, das einen recht trockenen Humor erkennen lässt.

*„Harry hol schon mal den Wagen."*
Oberinspektor Stephan Derrick, 1974–1998

## Margarete Katharina F

geboren am 14. 12. 1920 in München

ist am 10. November 2009 nach einem langen, erfüllten
und bewegten Leben für andere
zu Hause in Germering sanft entschlafen und nun
ihrem Ehemann Max und ihrer Tochter Heike gefolgt.

In Liebe und tiefer Trauer:
Prof. Dr. Michael B          und Dr. Claudia K          , Hannover
Franca W          , München
Robert und Traudl A          , München
Gabi B          , Germering
die Mitarbeiterinnen des APIS Pflegedienstes, München

Während die Anzeige für Margarete Katharina F. mit augenzwinkernder Korrektheit die Quelle nennt, erschließt sich das folgende Zitat nur Eingeweihten. Es entstammt der nicht mehr ganz taufrischen Filmkomödie »Verrückte Reise durch die Zeit«. Es ist anzunehmen, dass Jörg B. sie besonders geschätzt hat. Und vielleicht war sein Dasein ja auch »bunt und granatenstark«.

---

*BUNT IST DAS DASEIN*
*UND GRANATENSTARK*
*VOLLE KANNE HOSCHI*

**Stuttgart**, 29. Oktober 2007

# Jörg B
### * 17.07.1967    † 29.10.2007

In unseren Herzen wird er immer bei uns sein.

In Liebe:
**Andrea B**
**Toni und Irma B**
**Helmut K**     mit Familie
**Monika B**     mit Familie
**Horst K**     mit Familie
**Hubert und Veronika B**
**und alle Verwandten**

Die Trauerfeier zur Feuerbestattung findet am Freitag, 2. November 2007, um 10.00 Uhr in der Aussegnungshalle auf dem **Waldfriedhof in Kirchheim/Teck** statt.
Wir gehen in aller Stille auseinander.

---

Bleiben wir im Filmgenre, was bei einem Kinoliebhaber wie Heiner P. ja nun naheliegt. Vom Komiker Groucho Marx sind allerlei Sentenzen überliefert, die für eine Todesanzeige der besonderen Art infrage kommen. Deutlicher lässt es sich kaum sagen, dass man mit den sonst üblichen Sprüchen nichts am Hut hat.

*Jenseits der Alpen liegen noch mehr Alpen,*
*und der Herr alpt denen, die sich selber alpen*

Groucho Marx

# Heiner P

24.8.1939 – 6.5.2011

Der Gründer des Cinema, Heiner P , verstarb am Freitag, 6. Mai, nach schwerer Krankheit. Er hat mit seiner Liebe zum Kino nicht nur die münstersche, sondern auch die bundesdeutsche Kinolandschaft sehr bereichert.

Wir sind traurig und versuchen seine Ideen in Erinnerung zu halten.

Thomas B    und Jens S             und die Kolleginnen und Kollegen vom Cinema

Das heißt allerdings nicht, dass bei den neuen Anzeigen die alten Quellen versiegt wären. Ganz im Gegenteil. Gerade hier findet man noch manche nützliche Formulierung. Und man wüsste doch zu gern, wo Klaus-Dieter diese »alte Inschrift« zu Ehren seiner 94-jährigen Mutter aufgespürt hat.

*Wo Mütter ruhen ist Weihe in den Lüften*
*Mutterliebe – segnet noch aus Grüften*
(Alte Inschrift)

In liebevoller Erinnerung

# Elise Friederike G

geb. S

geb. 18. 8. 1910          gest. 10. 7. 2005

Klaus-Dieter

"Some are born to sweet delight..."   Blake

Eine starke Persönlichkeit hat den unfairen Kampf beendet.

# Philip Alan C

\* 14.7.1956   † 10.12.2007

Beerdigung am Montag, 17.12.07,
14.00 Uhr, Friedhof Feuerbach,
statt Blumen bitten wir um einen
Organspendeausweis und eine Spende an
eine medizinische oder soziale Einrichtung.

In Liebe und Dankbarkeit
Susanne T
die Familien in D, GB, NL, USA
Katrin K

Mit tiefem Dank an die Mannschaft der
Intensivstation M1 und der Station M7 des
Katharinenhospitals Stuttgart.

Und überhaupt: Ein bisschen bildungsbürgerlicher Snobismus darf
es schon noch sein. Bei dem oben stehenden Exemplar muss man
anerkennend mit der Zunge schnalzen. Denn die Anzeige für Philip
Alan C. führt geradezu mustergültig vor, wie man sich maximal von
den ewig wiederkehrenden Mustersätzen aus der Kollektion des
freundlichen Bestatters absetzen kann, ohne auf ein tiefes Klassi-
kerwort verzichten zu müssen. Erstens: Verwende möglichst ein
fremdsprachiges Zitat. Zweitens: Nenne den Namen nicht vollständig (es handelt sich natürlich um den englischen Dichter und Maler
William Blake und nicht um den Jazzbassisten Alex Blake, den
Eishockeyspieler Jason Blake, den Schauspieler Blake Edwards oder
gar den Techno-DJ Blake Baxter). Drittens: Gib das Zitat niemals
vollständig wieder ... Wobei du – viertens! – den eigentlich wichtigen Teil weglässt. Weil der kundige Leser ihn nämlich selbst ergänzt.
In diesem Fall: »... some are born to endless night.«

Ein Zitat, das ebenfalls nicht unmittelbar zugänglich ist, haben die Freunde für Werner E. aufgetan. Und man ahnt: Sie hätten kein besseres finden können.

*Es kommt alles auf den Wärmecharakter im Denken an.*

Joseph Beuys

## WERNER E

15.6.1955          15.3.1998

Wir haben Dich nicht immer verstanden, aber wir waren und sind bei Dir.

Deine Freunde

Die Beerdigung findet am Donnerstag, dem 26. März 1998 um 10.30 Uhr auf dem Parkfriedh Heiligenstock in Frankfurt am Mai Friedberger Landstraße, statt.

Was große Künstler äußern, hat schon mal von Haus aus die Aura von Bedeutsamkeit. Umso glücklicher fügt es sich, wenn sich ein Bogen vom Grundsätzlichen zum Geschäftlichen schlagen lässt wie bei Dietrich H.

Ein Bild ohne Rahmen ist wie eine Seele ohne Körper.

Vincent van Gogh

## Dietrich H
BILDER & RAHMEN

* 29. September 1948          † 19. Februar 2012

Unbegreiflich.

Jazz ist die Person,
die ihn spielt.
Die Essenz des Jazz ist,
man selbst zu sein,
sich selbst zu spielen.
Mal Waldron

Als Jazzmusiker mit Körper und Seele wird Klaus »Kiki« K. gewürdigt. Und dafür gibt es kaum ein Zitat, das besser geeignet wäre als die Äußerung des amerikanischen Jazzpianisten Mal Waldron.

# Klaus Ki
23. März 1996

Wir haben unseren Kiki verloren.
Er hinterläßt in uns
den Blues
und das Glück,
mit ihm gespielt zu haben.

Silvia B
Freddie M
Peter R
Edmund S
Udo H
Fritz und Peggy M
Rudi M
Manfred M

Eine gewisse Spannung zwischen Außen- und Innenwelt spricht hingegen aus den Worten von Christian Morgenstern. Zumal sich Rudolf Jakob Z. einfach so davongemacht hat.

ICH GING GANZ IN GEDANKEN HIN
DU WEISST, DASS ICH EIN ANDRER BIN
                                    Morgenstern

**RUDOLF JAKOB Z        -M**

hat uns am 8. Januar 2010 klammheimlich verlassen.

Gemischte Gefühle hinterlässt auch die Anzeige für Hermann D. Vielleicht ist eine Todesanzeige nicht der allerbeste Ort, daran zu erinnern, dass man seine Person nicht ganz so wichtig nehmen sollte.

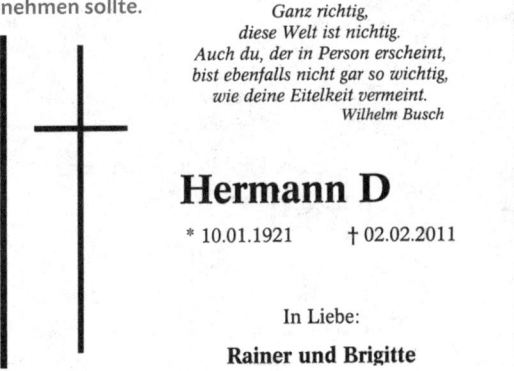

*Ganz richtig,*
*diese Welt ist nichtig.*
*Auch du, der in Person erscheint,*
*bist ebenfalls nicht gar so wichtig,*
*wie deine Eitelkeit vermeint.*
*Wilhelm Busch*

## Hermann D

\* 10.01.1921 † 02.02.2011

In Liebe:

**Rainer und Brigitte**

Lebenskluge Melancholie spricht hingegen aus der Anzeige für Hans Joachim R.

Wenn die Zeit kommt, in der man könnte,
ist die vorüber, in der man kann.
Marie von Ebner Eschenbach

### Hans Joachim R    V

geboren am 17. Mai 1949   gestorben am 28. Juni 2011

Wir trauern um meinen Mann, unseren Vater, meinen Sohn, meinen Bruder, Schwager und Onkel, der uns nach längerer Krankheit verlassen hat.

Elisabeth V.
Kim V
Lucas V
Erna R
Susann M    mit Familie
Ferdinand N

In der Regel stehen Dichterworte für sich allein. Doch in Ausnahmefällen entfalten sie erst ihre volle Wirkung, wenn man sie noch einmal aufgreift – wie in der Anzeige für Ursel B.

*„Auf jeden Menschen wird im Augenblick der Geburt ein Pfeil abgeschossen;*
*er fliegt und fliegt und erreicht ihn in der Todesminute."*

(Jean Paul)

Der Pfeil ist angekommen

# Ursel B

geb. A

\* 23. März 1938      † 8. Dezember 2012

Es trauern um sie ihre Kinder und Enkelkinder

Angela und Eddy
Sönke und Ulli
Uwe und Maja
Joel

Ungewöhnlich für einen katholischen Geistlichen ist die Devise des anarchistischen Schriftstellers Erich Mühsam. Umso deutlicher tritt die Botschaft hervor: Pfarrer Josef H. wird wohl ein aufrechter Kämpfer gewesen sein.

*Sich fügen heißt lügen!*
*Erich Mühsam*

# H. H. Pfarrer
# Josef H

**Freundschaft, Josef**

**Die Familien**
**Dr. Eduard G**
**Dipl.-Ing. Bernhard S**

Doch das wohl ungewöhnlichste Zitat in einer Todesanzeige kommt jetzt. Es stammt vom Literaturkritiker Marcel Reich-Ranicki, den schon immer ein pointiertes Urteil auszeichnete. Dieses hier sitzt wie ein gezielter Schlag in die Magengrube.

---

**„Der Tod ist völlig sinnlos und vernichtend"**
Marcel Reich-Ranicki

*In Gedenken:*
*Wolfgang*
*Petra*
*Tommy*
*Ruben*
*sowie die gesamte Firma*

**H      -IMMOBILIEN**
Die Beisetzung findet im engsten Familienkreis statt.

---

Anstatt sich auf die Einsichten von mehr oder weniger anerkannten Autoritäten zu stützen, kommt es auch in Betracht, dem Verstorbenen selbst das Wort zu erteilen. Aus dem knappen Satz von Christiane K.-S. spricht Trost, Bescheidenheit und Gelassenheit. Und so darf man annehmen, dass wohl niemand den Ton hätte besser treffen können als sie selbst.

---

*„Sei nicht traurig, so was kommt vor."*
*Mai 2011 im Krankenbett*

# Christiane
**K          – S**
22.6.1956–11.7.2011

Unser Fels in der Brandung. Du bleibst bei uns.

S          & K

Beigesetzt am 29.7.2011 in Hamburg

*Wer an Sie erinnern will, möge für krebskranke Kinder spenden.*

Etwas verwickelter stellt sich die Lebensbilanz von Günther K. dar, der sich nach seinem Geschmack allzu sehr nach den anderen richten sollte. Allerdings würde er sein bitteres Urteil nur dann auf seinen Grabstein setzen lassen, wenn er das wirklich getan hätte. Hat K. am Ende sein Leben doch nicht so übel gefallen? Sicher scheint nur zu sein: Man sollte ruhig auch mal seinem eigenen Herzen folgen.

*Wenn ich nur das tun würde, was von mir erwartet wird, könnte man Folgendes auf meinen Grabstein schreiben: »Mein Leben hat allen gefallen, nur mir nicht!«*

(Eigenes Zitat)

Wir müssen Abschied nehmen von

## Günther K

1944 - 2010

Deine Kinder mit Familien

Ungetrübte Zuversicht spricht hingegen aus den Worten von Hans-Peter G., was umso bemerkenswerter ist, als es seine letzten gewesen sind. Wer möchte nicht mit der Gewissheit abtreten, dass das letzte Wort noch nicht gesprochen ist und morgen auch noch ein Tag ist, um weiterzuschnacken?

*„Wir schnacken morgen."*

(Peters letzte Worte)

# Hans-Peter G

\* 28. Mai 1929        † 25. April 2011

Leider bleibt uns dieser Wunsch nun verwehrt,
aber jeder Mensch geht von dieser Welt,
und bis wir alle wieder zusammen sind,
hilft uns dieser Glaube über die Trauer hinweg.

Wir danken ihm für die Liebe, die er uns gegeben hat.

„Herr Doktor: Auch Spötter müssen sterben!"

Nach einem langen, erfüllten Leben verstarb unser geliebter Vater,
Schwiegervater und Großvater

# Dr. med. Heinz-Hasso K

Medizinaldirektor a.D. / Facharzt für Orthopädie

28. August 1925 – 27. Mai 2012

### Hans Joachim und Maria
mit Laura Nele

### Sylvia-Maria

Traueranschrift: Hans Joachim K

Wir wollen am Sonnabend, dem 2. Juni 2012, um 12.30 Uhr, in der Oesdorfer
Friedhofskapelle, Bad Pyrmont, Lortzingstraße, von ihm Abschied nehmen.

Auf ausdrücklichen Wunsch von Hasso ist Trauerkleidung nicht erforderlich.

Statt Blumen bitten wir um eine Spende für „Ärzte ohne Grenzen" – Deutsche Sektion,
Kto.Nr. 97097, bei der Bank für Sozialwirtschaft, BLZ: 37020500,
Stichwort: „Dr. Heinz-Hasso K        ".

Betreuung durch das Bestattungshaus B

Unser letztes Zitat stammt aus einer ano-
nymen Quelle. Doch scheint der Facharzt
für Orthopädie Dr. Heinz-Hasso K. seine
ganz eigene Art von Humor gepflegt zu
haben, dass ihm seine eigene Sterblichkeit
so nachdrücklich in Erinnerung gerufen
werden musste. Damit empfiehlt sich K.
bereits für das nächste Kapitel, das den
»Charakterköpfen« gewidmet ist.

# 18

# »Bis zum letzten Wort unverbesserlich«

## Charakterköpfe

Wenn Sie Todesanzeigen lesen, versuchen Sie sich dann auch vorzustellen, was für eine Art Mensch der Verstorbene wohl gewesen ist? Häufig sind die Anhaltspunkte sehr dürftig. Aber das kann unsere Fantasie sogar noch beflügeln. Manchmal genügt ein Name, vielleicht noch die Lebensdaten, schon zeichnet sich in unserer Vorstellung ein erster Umriss ab. Etwa von einer groß gewachsenen hageren Frau oder einem rundlichen, gemütlichen Herrn in Strickjacke. Doch es macht noch mehr Vergnügen, wenn in der Anzeige bereits ein Charakterporträt steckt, jemand den Verstorbenen mit seiner manchmal sehr eigenwilligen Persönlichkeit würdigt. Solchen Charakterköpfen ist dieses Kapitel gewidmet. Dabei gibt die Anzeige für Artur D. schon mal die Richtung vor (man beachte auch das Postskriptum von Jette, bei der es sich um die kecke Enkelin von Artur handeln dürfte).

---

**Artig? Nein!**

**Aber immer einzig**

# Artur D

\* 3. Oktober 1936    † 9. Dezember 2005

**Bettina und Helga**

und wenn ich groß bin, werd ich so wie Du – Deine Jette

---

> Ich blinke nicht,
> weil es euch gar nichts angeht wohin ich fahre...

## Wolf Harald G
* 27.06.1947 † 18.11.2011

Wir haben dich lieb!

Bei Wolf Harald G. ist es sein eigenes Motto, das uns sofort für diesen Mann einnimmt.

Ein überaus heiteres Gemüt dürfte Ute ausgezeichnet haben. Es ist schon etwas ganz Besonderes, wenn ein Mensch als Lachen in Erinnerung bleibt. Vielleicht hat das auch mit ihrem wahrscheinlich letzten Aufenthaltsort zu tun: Sarakiniko ist eine Kommune auf der griechischen Insel Ithaka.

> *Laß ein Lachen sein,*
> *wenn wir uns heute trennen,*
> *ein Lachen für das Schöne,*
> *das uns war,*
> *ein Lachen für die Zukunft,*
> *die wir jetzt nicht kennen.*
>
> *Was kommen wird, wird kommen,*
> *und was war, das war.*

## Ute – Das Lachen

### Sarakiniko

**ist tot**

**eike**

Dass man noch im Alter von 82 Jahren in der Blüte seiner Jugend stehen kann, zeigt die Anzeige für die »muttertreue und hochanständige« Maria H. aus dem oberbayerischen Rosenheim. Doch wenn wir uns den Anzeigentext so anschauen, dann finden wir, dass sich Bruno W. nicht weniger als Charakterkopf empfiehlt.

---

**Maria H**  (82 Jahre)

ist am 25. Januar von einem Lastwagenfahrer um 9.30 Uhr totgefahren worden.

Eine muttertreue und hochanständige Frau hat ihre Heimat verlassen. Dazu war sie gut und lieb anzuschauen, besonders in der langen Jugend bis zum heutigen Tag.

Eine schöne, echte Bayerin, weiß Gott.

In tiefer Trauer
**Bruno W**

Gottesdienst ist heute, Montag, 30. Januar 2006, um 8.30 Uhr in St. Josef Rosenheim, Innstrasse. Beerdigung am gleichen Tag, um 13.15 Uhr im Städtischen Friedhof Rosenheim.

---

Fast schon literarische Qualitäten hat das kleine Porträt, das die Hinterbliebenen vom »ruhelosen Süßmaul« Rudolf B. zeichnen. Dabei vermuten wir nicht nur eine Vorliebe für Streuselkuchen, sondern auch einen bildungsbürgerlichen Hintergrund. Für alle, die in der griechischen Mythologie nicht so sattelfest sind: Charon ist der Fährmann, der die Verstorbenen über den Totenfluss Acheron hinüberfährt, damit sie in die Unterwelt, den Hades, gelangen konnten. In der Antike war er allerdings in Drachmen zu bezahlen.

Abschied von einem liebenswerten alten Zausel - einem ruhelosen Süßmaul, stets ein wenig schüchtern, verträumt, schmunzelnd, zotig + flirtend - mit definiertem Kugelbauch. Dich erwartet ein unendlicher Streuselkuchen aller Varianzen. **Das Gedächtnis wird bleiben.**

**Du** warst ein gutes Jahrhundert.

# Rudolf B        1911 - 2011

Gib` Charon seinen Euro

In Liebe, die Dich lieben

Etwas zeitgemäßer gelangt der Aufzugs-
Sepp ins Jenseits.

NACHRUF

**Der Aufzugs-Sepp hat die letzte Haltestelle
seines Lebensfahrstuhls erreicht.**

Sepp, oft hast du in deinem Leben die Knöpfe
des Fahrstuhls gedrückt.
Manchmal ging es aufwärts, manchmal ging es abwärts.
Sepp, du brauchst jetzt nicht mehr nach
dem richtigen Knopf zu suchen.
Als du beim Schwammerlsuchen warst,
hat der Herrgott für dich gedrückt.
Es war die oberste und letzte Haltestelle.
Sepp, mach's gut.
Du wirst uns fehlen.

**Marianne, Manfred und Rainer**

Nicht einmal zwei Sätze genügen – und
das Porträt der pflichtbewussten Früh-
aufsteherin Marianne M. ist fertig. Eine
schlichte, aber feine Anzeige.

# Marianne M

\* 30.03.1930          † 09.09.2011

Heute hat sie zum ersten Mal verschlafen.
Ein feiner Mensch.

Auch beim »schönen Hubert« müssen die Hinterbliebenen nicht viele Worte verlieren. Auf den Punkt gebracht wirkt die etwas zweischneidige Charakterisierung umso stärker.

Tschüss – schöner Hubert,
bis zum letzten Wort unverbesserlich.

# Hubert S

\* 9. August 1934     † 3. August 2011

**Steffi K              und**
**Kai L        mit**
**Benjamin und Norman**

Und doch muss man manchmal etwas ins Detail gehen, wie das schöne Porträt der backfreudigen Helga R. zeigt.

# Helga R

\* 12.08.1926  † 29.06.2012

Lange habt Ihr Euch da oben gedulden müssen. Endlich könnt Ihr von ihrer sensationellen Erdbeermarmelade naschen. Oder von ihren leckersten Nussschnecken, vom immer auf den Punkt gebrachten Frühstücksei. Ihre Bescheidenheit und Treue hat auch Euch da oben mächtig imponiert. Es war folglich nicht zu schwer, ein Engelsauge ab und zu mal zuzudrücken. Nun habt ihr sie doch recht kurzfristig zu Euch geholt. Ihr werdet Euren Spaß haben. Eine Bitte an die Regie bei Euch da oben: lasst doch zu Weihnachten ihre wundervollen Zimtsterne am Himmel funkeln, denn dann wissen wir hier, alles ist O.K.

**Christian**, ein Anarchist wie sein Großvater?

Ein wertkonservativer Intellektueller,

ein romantischer Schwärmer.

Der Fachmann für Utopie und großes Kino.

Ein egozentrischer Spaßvogel mit Tiefgang und Stil,

ein kompromissloser Streiter für Toleranz,

ein Dresdner – niemals Mittelmaß.

Er hat sich dem Leben immer vorbehaltlos ausgeliefert

und die Konsequenzen mit Humor getragen.

Wir haben viel gelacht und viel gelernt.

Für die gemeinsame Zeit bin ich ihm dankbar,

er wird mir sehr fehlen auf dem Weg …

- per aspera, ad astra -

Trauerfeier am Donnerstag, den 06.12.2012,
Waldfriedhof Zirndorf

Auch der wertkonservative Anarchist Christian muss behutsam charakterisiert werden, ehe sich uns sein komplexes Wesen erschließt. An dieser Anzeige ist bestimmt lange gefeilt worden, denn jedes Wort wirkt sorgfältig abgewogen. Aber es hat sich gelohnt. Besonders beeindruckt hat uns die Zeile »ein Dresdner – niemals Mittelmaß«.

Du bist für uns keine anonyme Verstorbene, keine bloße, namenlos gewordene Nummer einer seelenarmen Bestattungsordnung. Du bleibst für uns der Mensch, die einzigartige

# MARIA W
\* 18. Juni 1957          † Juli 2010

bis in den Tod hinein. Du wirst uns fehlen, auch in den Straßen von Maxfeld, durch die Du wie ein kleiner, fast unwirklich scheinender Puck gehuscht bist – mit großen glänzenden Augen und einem frech-fröhlichen Gesicht. Wir können nicht fassen, dass Du auf solch tragische Weise aus der Welt verschwunden bist. Du hast das Leben geliebt und ihm mutig getrotzt, obwohl Du es nie leicht gehabt hattest seit Deiner Kindheit im Waisenheim.

Wir werden weiterhin die Straßen nach Dir absuchen und Dich nicht vergessen. Dort warst Du eine Schatzheberin gewesen, indem Du all die Werte aus Mülltonnen und gelben Säcken gehoben hast, die andere Leute unbedacht weggeschmissen hatten. Dafür hattest Du ein Auge. Voller Stolz hast Du diese Schätze präsentiert und sie freizügig verschenkt. Hinter Deiner Schnoddrigkeit öffnete sich auch ein übergroßes Herz.

Selbst wenn es Dir nicht gut ging, hast Du Dich um andere Menschen gekümmert und Tiere hast Du über alles geliebt. Kater Sammy war der Mittelpunkt Deiner Welt. Du hast selbst wenig gegessen, damit er es bei Dir immer gut haben sollte. Und wenn Du einige Cent vom Pflaschenpfand erübrigen konntest, hast Du auch die noch an das Katzenstübchen in Fürth gestiftet. Denken wir an einen Menschen am Rande – einen Randgänger unserer Zeit – denken wir an dich, **MARIA**. Auf Erden wird Dir keine Gerechtigkeit mehr widerfahren, aber hoffentlich gibt es für Dich einen Himmel. Und wenn es nur einen Himmel gibt, damit diese ganz besonderen Menschen, wie Du einer warst, die am äußersten Rand aller Existenz gingen, endlich ihren Platz, einen sonnigen Platz für sich finden werden. Wenn das nicht so ist, wäre das Universum, wäre Gott zu grausam. – Der Segen Gottes soll Dich begleiten, wo immer Du jetzt auch bist.

Es denken voller Liebe an Dich:
**Postbote Dieter, Tante Glier, Gerhard W**
**Katzenstübchen Fürth, Sammy und Freunde**

Einen Ehrenplatz in diesem Kapitel hat der berührende Nachruf auf die liebenswerte Schatzheberin, Randgängerin und Katzenfreundin Maria W. verdient. Man möchte sagen: Gäbe es doch mehr Menschenfreunde wie Postbote Dieter, Tante Glier und die anderen.

Das Motto für Karl W. deutet an, dass wir es mit einem Menschen zu tun haben, der zu vielen Dingen seine ganz eigenen Ansichten hatte.

Er hatte mit vielem Recht.

Wir nehmen Abschied von

# Karl W

**\* 19. 12. 1914       † 17. 9. 2011**

Manchmal gelingt es den Hinterbliebenen, auch für eher zurückhaltende Naturen die treffenden Worte zu finden.

### Danksagung

Ossi ging von uns, wie er immer gelebt hat.
Ohne großen Auftritt, ohne letzte Gespräche. Leise.

Nein, ein lauter Mensch war er nie.

## Oswald K

geb. 08. April 1936
gest. 03. September 2010

Wir sagen Danke allen, die sich in unserer Trauer
mit uns verbunden fühlten und Ihre Anteilnahme
auf vielfältige Weise zum Ausdruck brachten.
Unser besonderer Dank gilt dabei Frau Dr. W
und ihrem Team und den Mitarbeitern des
Bestattungshaus H        für die Hilfe und Unterstützung
beim Abschied nehmen.

**Gisela K       und Familie**

Taucha, im September 2010

Nicht gerade als Freund der leisen Töne hat Peter K. von sich reden gemacht. Zu Lebzeiten hat er offenbar den gesamten Landkreis südlich von Hamburg aufgemischt.

Im Landkreis ist es ruhiger geworden

# Peter K

geboren am 7.7.1941
ist verstorben am 01.03.2012

Tochter
Yvonne K

Beerdigung am 13.04.2012, um 14:00 Uhr, an der Kapelle Waldfriedhof Buchholz, Parkstraße 39.

In dieselbe Kategorie fällt wohl auch Hildegard R., die auch jenseits der 100 noch recht quirlig unterwegs gewesen sein mag.

„Hummeln im Hintern"

**Hildegard R**

geb. R

1909 – 2011

Voller Dankbarkeit
und Liebe

**Kerstin**

Ein charmanter Abenteurer, dessen Expeditionen zwischen Couch und Dschungel ein erfülltes Leben vermuten lassen, begegnet uns in der Anzeige für Ernst L. junior.

Ein großer Liebhaber von schönen Frauen und fernen Reisen
ist auf seiner letzten Expedition

# Ernst L          jun.

\* 30. Juni 1958

Am Faschingssonntag, dem 6. März 2011, ist er nicht im Dschungel,
sondern auf der Couch sanft entschlafen.

Wir beten für unseren lieben Verstorbenen am Dienstag, dem 15. März 2011,
um 19 Uhr in der Pfarrkirche St. Nikolai im Sausal.

Die Trauerfeier für unseren lieben Ernsti beginnt am Mittwoch,
dem 16. März 2011, um 14.15 Uhr mit dem Gebet
in der Aufbahrungshalle St. Nikolai im Sausal.
Nach der feierlichen Verabschiedung wird er nach Graz
in die Feuerhalle überführt.

In Liebe nehmen wir Abschied:
**Nina** mit **Wolfi, Alexander**
**Maria** und **Ernst**
**Heinz** mit **Alexandra, Alina** und **Marius**
**Auri** und **Helga**
im Namen aller Verwandten

Noch eine Schuhnummer größer kommt Dr. Peter Ferdinand H. daher, der gewiss nicht zu Unrecht von der Familie als »Peter the Great« verabschiedet wird. Für alle Nichtmilitärs: Der »1. WO« ist der »erste wachhabende Offizier«, der mit einem gepunkteten Seidentuch einen überraschenden modischen Akzent gesetzt haben dürfte.

## Gallus Mortuus Est

### „Peter the Great"
### Dr. Peter Ferdinand H

18.09.1921 – 23.05.2011

Dein Leben war so bunt und vielfältig, so voller Leidenschaft: Schon im Internat spieltest Du die Hauptrolle in Schillers Wallenstein, und so war es in allem was Du tatest: als 1.WO mit gepunktetem Seidentuch auf dem U-Boot; als angeblicher „Pianist", der mit einem frei erfundenen Hindemith-Stück brillierte; als Arzt, der seinen Patienten den zuvor von Kollegen verordneten Gips einfach wieder abnahm; als Segler, Chef, Charmeur, Skiläufer, Patriarch, Herzensbrecher, Golfer, Mausebär, Großvater, Tangotänzer, Maler – alles hast Du intensiv gelebt. Wir können getrost von Dir behaupten, dass Du nichts verpasst hast – nur Dirigent bist Du nun doch nicht mehr geworden. Wir stoßen auf Dich und das Leben an. Wir lieben Dich!

2 Monate und 20 Tage ist es nun her, dass wir uns von Mama verabschiedet haben. Es ist sehr tröstlich, dass Ihr gemeinsam auf Eure letzte Reise geht …

Peter & Agata, Michael & Paula,
Tom & Gabi, Marlo & Micha, „Kleine"-Marlo & Oscar & Emma

EINE

# Legende

## geht

Wer in den **80ern/90ern** in den Kneipen Velberts unterwegs war:
kannte ihn – **mochte ihn** – viele auch nicht. *Aber man ging zu ihm.*
BRAUNGEBRANNTER SUNNYBOY,
gerne in rosa oder orange gekleidet,
3-Tagebart, Sträflingsfrisur – oder langhaarig als Hippie.
*Immer ein Mädchenschwarm.*
Ob barfuss in Mokassins oder gelegentlich mit Lackschuhen – nie 08/15.
Angefangen als Kellner im Bingo, eröffnete er
**DIE** Location in 5620 Velbert 1 – das legendäre

# 08-15

Organisierte feinste Parties, rauschende Feste,
spektakuläre Klassentreffen. **Er** ließ einen kurz den Alltag bei einem
vorzüglichen italienischen Kaffee vergessen, baute exotische
Cocktailstände und romantische Weihnachtsmarktbuden.
**Snack – Drinks – Rock-and-Roll**

## RAINER K

*starb* **am 19. Januar 2012**

Einen bleibenden Eindruck hat auch Rainer K. hinterlassen. Mit dem legendären
Gastronom aus dem Bergischen Land werden wir im letzten Kapitel noch einmal zu
tun haben (→ S. 240).

Die Gemeinde Krautheim trauert um ihren hochverdienten Mitbürger

# Karl Z

der am 28. Oktober 2011 im 90. Lebensjahr verstorben ist und dem wir gestern auf dem Krautheimer Friedhof die letzte Ehre erwiesen haben.

Als junger Mann mit schweren Kriegsverletzungen aus dem 2. Weltkrieg in die Heimat zurückgekehrt, sah er sich mit der Enteignung des väterlichen Hofes durch das neue Regime konfrontiert.

Gleichwohl ließ er sich nicht entmutigen, sondern stellte seine Arbeitskraft und sein Engagement in den Dienst der Allgemeinheit, was in unserer landwirtschaftlich geprägten Region die tatkräftige Mitarbeit beim Aufbau der Landwirtschaftlichen Produktionsgenossenschaft bedeutete, deren Vorsitzender er dann auch wurde.

Zusammen mit unserem unvergessenen Altbürgermeister Philipp realisierte er in dieser Funktion die Umsetzung eines Großprojektes, von dem auch künftige Generationen noch profitieren werden: der Pflasterung unseres Straßennetzes mit Granitpflaster. Nur durch den von ihm organisierten Einsatz des Personals und des Maschinenparks der LPG konnte diese Riesenaufgabe bewältigt und aus „Schlammroda" Krautheim werden.

Er hat sich damit ein bleibendes Denkmal gesetzt und wir alle schulden ihm großen Dank.

Seiner Ehefrau und seinen Angehörigen gilt unser Mitgefühl.

**Im Namen aller Krautheimerinnen und Krautheimer**
**Axel S , Bürgermeister**

Unsere letzte Anzeige in diesem Kapitel führt uns nach Thüringen, in einen kleinen Ort nördlich von Weimar. Hier sind die Verdienste eines Mannes zu würdigen, der dazu beigetragen hat, dass die Straßen der Gemeinde gepflastert wurden. In seinem Nachruf gelingt dem Bürgermeister die anschauliche Formulierung, Karl Z. habe dafür gesorgt, dass aus »Schlammroda« Krautheim werden konnte.

# 19

# »Ab heute ist im Himmel Damenwahl«

### Positives und Ermutigendes

In Todesanzeigen wird meist ein kummervoller oder ernst gemessener Ton angeschlagen. Sie heißen ja nicht grundlos »Traueranzeigen«. Gelegentlich schäumt auch mal der Hass über (siehe das Kapitel »Irgendwann werden sie alle in der Hölle schmoren«, ab S. 101), was die Sache auch nicht besser macht. Auf Dauer kann die gedrückte Stimmung den Lesegenuss schon ein wenig trüben. Und so drängt sich die Frage auf: Wo bleibt eigentlich das Positive? Wo sind sie, die Menschen, die sich auch durch den Tod ihre gute Laune nicht verderben lassen? Die sich den Blick bewahrt haben für die erfreulichen kleinen Dinge, die auch in den schwärzesten Stunden nicht völlig ausbleiben?

Doch, doch, es gibt sie schon. Auch in Anzeigen mit Trauerrand lassen sich Optimisten und sonnige Gemüter aufspüren; man muss nur lange genug nach ihnen suchen. Daher präsentieren wir in diesem Kapitel Todesanzeigen, die von beneidenswerter Sorglosigkeit, heiterer Gelassenheit und unverwüstlicher Partylaune Zeugnis ablegen. Dabei hat in unserer ersten Anzeige der Verstorbene selbst seine Lage womöglich etwas schöngeredet. Sich selbst und/oder seinen Angehörigen auf der anderen Seite der Weltkugel.

---

„No worries. I'm fine." GD

## Günther D

\* 24.02.1939 † 01.07.2011
Stuttgart/Deutschland Melbourne/Australien

In stiller Trauer:
Andrea K mit Familie
Petra A mit Familie

---

Wenn uns der Tod auf die gleiche Weise
ereilt wie Lina B., dann können wir uns
nicht beschweren. Nur ein kurzes Unwohlsein ist zu überstehen und schon darf man
friedlich einschlafen.

Traurig müssen wir Abschied nehmen von meiner lieben Mutter, unserer
Schwester, Schwägerin und Tante

## Lina B

28. April 1925 bis 2. November 2010

Nach kurzem Unwohlsein durfte sie heute friedlich einschlafen.

In stiller Trauer:
Hubert B
Marie B
Anna B
Josi S
Verwandte und Bekannte

Auch Christel S. scheint nur vorüberge-
hend etwas unpässlich zu sein.

Ich habe gerade ein kleines Tief...

## Christel S

geb. L            , verwitwet von Kaspar S

\* 31. März 1926            † 26. August 2011

Ein bewegtes Leben ist zu Ende gegangen.
Gott hat sie zu sich genommen. Sie ist nun mit
ihrem geliebten Kaspar wieder vereint.

Martin und Sabine H
mit Lea, Luca und Laurin
im Namen der Angehörigen

Elisa P. hat hingegen die kritische Alters-
grenze erreicht, ab der man einfach so abtreten darf.

A B S C H I E D

In Liebe und Dankbarkeit nehmen wir Abschied von unserer lieben
Mutter, Grossmutter, Schwiegermutter, Schwester und Tante

## Elisa P

8. Oktober 1918 – 3. August 2010

Sie hat uns altershalber verlassen.
Wir danken dir von ganzem Herzen dafür, was du für uns warst
und bleibst.

Bei Wolfgang de M. haben wir sogar die
beruhigende Gewissheit, dass er seinen
letzten Gang »gut erholt« angetreten hat.

*Wenn ihr mich suchet,*                     70567 Stuttgart
*suchet mich in euren Herzen.*
*Habe ich dort eine Bleibe gefunden,*
*bin ich immer bei euch.*
          Antoine de Saint-Exupéry

Mein lieber Mann, unser guter Vater

## Wolfgang de M

\* 26. 1. 1944      † 3. 10. 2009

wurde gut erholt und völlig überraschend aus unserer Mitte
genommen.

                    In unseren Herzen wird er weiterleben
                    **Christel**
                    **Steffen**
                    **Oli und Angi**

## Lieber Horst,

du bist mit dem kleinen Fiat über die Alpen gefahren,

kamst auf Lanzarote mit 10 Wörtern Spanisch aus und
hast dir in Domburg den Matjes schmecken lassen.

Nun trittst du deine letzte Reise an.
Pass' gut auf dich auf - wir sehen uns!

Ele & Peter mit Mieke-Maus

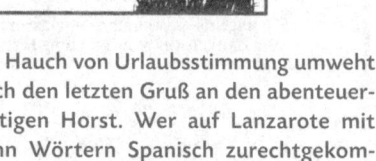

Ein Hauch von Urlaubsstimmung umweht
auch den letzten Gruß an den abenteuer-
lustigen Horst. Wer auf Lanzarote mit
zehn Wörtern Spanisch zurechtgekom-
men ist, der wird sich im Jenseits schon
auch noch zu helfen wissen.

Ebenfalls keine Spur von Melancholie findet sich im letzten Gruß an Günther, der
zu Lebzeiten offenbar nicht nur mit allerlei
Scherzen um sich geworfen hat. Da will
man sich am liebsten gleich mit ihm ver-
abreden.

## Lieber Günther

danke für Deinen wunderbaren Humor
und tausend geworfene Bällchen!

Wir sehen uns.

### Claudia & Eddie

Bei Seemann Peter R. scheint die Lebensreise zwar zu Ende zu sein. Doch der Abschiedsgruß zur Seebestattung lässt keinen Zweifel. Auch im Jenseits gilt die Devise: Volle Kraft voraus.

**Seemann, Deine Reise ist zu Ende.**

Am 5. Mai 2012 verstarb

# Peter R

geb. 13. Mai 1930

In stiller Trauer
**Magdalena R
die Kinder, Enkel und Urenkel**

**Gera,** im Mai 2012

Sein Wunsch war eine Seebestattung.

**Allzeit gute Fahrt.**

Ebenso lebenslustig wie selbstbewusst stellen wir uns Lore B. vor, wenn ihre Angehörigen im Himmel schon mal die »Damenwahl« ausrufen lassen.

Geschafft!!

Ab heute ist im Himmel Damenwahl.

# Lore B

## 1924 - 2013

Wir werden versuchen, ihren Optimismus und ihre Neugier weiterzuleben.

Zwar kein Tanzball, doch ein Himmel voller Torten erwartet den Opa von Giulietta, der zu Lebzeiten den süßen Sachen nicht abgeneigt zu sein schien.

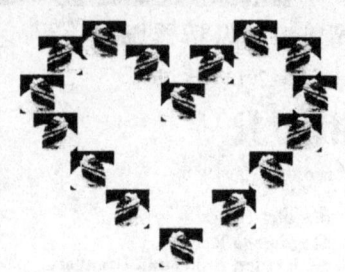

**Lieber Opa,**

du kommst sicher in den Himmel voller Schwarzwäldertorten, von denen du an deinem letzten Tag leider keine essen konntest. Ich wünsche dir, dass du das nachholen kannst und dass du viel Freude daran hast. Ich hoffe, du konntest dein Leben geniessen.

Giulietta

Anlass zur Zuversicht haben auch die Hinterbliebenen von Charlotte K.: Wem es auf Malle und in Moskau, am Nordkap und in der Lüneburger Heide gefallen hat, der dürfte auch dem Jenseits schon noch etwas abgewinnen können.

### 5. Jahresgedächtnis

**Charlotte K**
† 25.07.2006

Mutti, du warst in Tirol, auf Mallorca, in Schottland, am Nordkap, in Moskau, in China und in der Lüneburger Heide, gefallen hat es dir überall, hoffentlich gefällt es dir auch da, wo du jetzt bist.

**Mutti, Oma wir vermissen dich**

Ruhe und Entspannung

Finnland, der Norden

Pilze, Beeren und Bären

Das alles kannst Du jetzt geniesen!

**Wir trauern um unseren geliebten Vater und Ehemann, ein**

**Freund in der Not, eine starke Schulter, ein helfendes Wort,**

## unendliche Liebe

# Dr. Günter W

*18.05.1930                    ✠14.12.2010

*Ina* *Dirk* *Marc* *Ida,* *Nairi*

(Ina)        (Dirk)        (Marc)        (Ida)        (Nairi)

Urnenbeisetzung in aller Stille: 10. Jan. 2011 um 14:30 Uhr, Ottensoos, Friedhofstrasse
Von Beileidsbekundungen am Grab bitten wir Abstand zu nehmen!
Anstelle von Grabgestecken bitten wir um eine Spende an folgende Institutionen unter dem Stichwort „Spende W      ":
Kinderhaus Regenbogen in Ottensoos                                        Wichernhaus Altdorf
Konto: 12 416, BLZ: 760 610 25                                              Konto: 114 0202 440, BLZ: 760 200 70

Auf Erholungsurlaub scheint sich Dr. Günter W. begeben zu haben. Dabei bleibt für den unvoreingenommenen Leser jedoch offen, wie er vom fränkischen Ottensoos nach Finnland gelangt, um die verheißenen Pilze, Beeren und Bären zu genießen.

Wir haben in Dankbarkeit Abschied genommen von meiner lieben Mutter

## Frau Margarete P

* 31. 3. 1921        geb. S        † 18. 7. 2011

Sie wird sich nun mit frischen Kräften wieder um ihren Mann, Hund und Garten kümmern.

Andere scheinen weniger ruhebedürftig, sondern durch ihren Tod regelrecht Kraft zu tanken. Auf Frau Margarete P. warten im Jenseits jedenfalls schon ein paar lohnende Aufgaben.

## Beat M

Willisau
7. Februar 1940 bis 4. August 2011

Seit einem Jahr «im Amt» – du und wir.

Wir haben deine Projektideen fürs neue «Wegstück» aufgenommen
und stecken mitten in der Ausführung. Deine Ideen fordern uns,
sie sind nachhaltig und machen uns stark und mutig.

Und du? Wo bist du, was machst du?

**Im Gottesdienst am Samstag, 1. September 2012, um 18 Uhr – natürlich in Willisou –**
denken wir in Gemeinschaft mit vielen anderen Gläubigen ganz besonders an dich.
Wer weiss, vielleicht schickst du uns sogar ein Extragrüessli...

Wir freuen uns!

Wem Gott ein Amt gibt, dem gibt er auch Verstand, lautet ein alter
Spruch. Bei Beat M. tappen wir allerdings tief im Dunkeln, welche
Art von »Amt« er mit seinem Ableben angetreten hat. Von den
»Projektideen«, die er den Seinen hinterlassen hat, gar nicht zu reden. Da überrascht es uns dann auch nicht mehr, dass sie fordernd
und »nachhaltig« sind. Ein Tischgespräch der Familie M. hätten wir
allerdings allzu gern mal belauscht.

Am 3. Juli bat unser Vater

## Juginder S

seinen Frieden gefunden.

Wir wünschen ihm ganz viel Liebe, Spaß, Kraft und Power auf
dem Weg ins nächste Leben!

Und vielleicht treffen wir uns ja wieder!

Andreas und Tanja

, 20359 Hamburg

Spaß und Power statt Ruhe und Frieden
wünschen Andreas und Tanja ihrem Vater
Juginder S. Das hört sich fast nach einem
paradiesischen Work-out im himmlischen
Fitnessstudio an.

Der eine feiert in seinen Geburtstag hinein, der andere stirbt hinein.

\* 20. 5. 1922 in Aachen      † 20. 5. 2006 in Stuttgart

Er starb in seinen Geburtstag hinein. Wir verlieren einen liebenswerten Bruder, Schwager und Freund.

Wenn man als Feierbiest seinen Geburtstag schon nicht mehr erlebt, dann muss man es halt im Jenseits gewaltig krachen lassen, so wie »Opa« in dieser warmherzigen Gedächtnisanzeige.

# Opa!
## Alles Beste zum Geburtstag!

Der dritte schon, den Du nicht mehr erlebst. Wobei. Wahrscheinlich lässt Du es gewaltig krachen da oben. Lass Dir gesagt sein: wir haben Dich nicht vergessen!

Auch wenn wir gestehen müssen, dass die Trauer sich langsam wandelt – in Erinnerung. Aber Erinnerung ist das Einzige, dem die Zeit nichts anhaben kann. Die wird bleiben.

Und darin wirst Du für uns immer jünger werden, weil Du nicht älter wirst. Auch wenn wir so gerne gemeinsam mit Dir in die Jahre gekommen wären. Am Ende werden wir die Opas sein und Du der Jungspund.

Machs gut, unser Freund! Bis irgendwann mal.

In memoriam:
**Martin, Nippy, Dr. Schmid, Ingo, Paddomat, Maxe, Nadja, Steffi, Suggy, Sveni, Steffomat, Winki**

Die Anzeige für Helmut S. vermittelt die ermutigende Botschaft: Auch die schmerzlichsten Erfahrungen haben oft segensreiche Nebenwirkungen.

Durch den Tod meines Mannes

## Helmut S

wurde gespendet für die Flutopfer.

Danke sagt Allen

Gerda S

In unserer letzten Anzeige lernen wir die tiefgründige Optimistin Inge W. kennen. Nicht nur durch das schöne Motto, sondern vor allem durch das Eingeständnis ihrer Hinterbliebenen: Das, worauf es ankommt, darüber schweigt die Lebenskünstlerin und genießt.

Ein Optimist steht nicht im Regen,
er duscht unter einer Wolke.

## Inge W

geb. B

\* 11. 4. 1935     † 12. 3. 2011

Wir haben verstanden,
was Du nicht gesagt hast.

Conny
Christian und Julia mit Nele
Bernhard mit Vivien
Hans Heinrich

Das Seelenamt wird Freitag, den 18. März 2011, um 8.30 Uhr in der Pfarrkirche Zum Heiligen Kreuz, Rather Kreuzweg 43 in Düsseldorf gehalten.

Die Beerdigung findet anschließend um 11.20 Uhr von der Kapelle des Unterrather Friedhofes aus statt.

# 20

# »Da hasse aber Sand dran«

Letzte Botschaften

In Traueranzeigen stoßen wir immer wieder auf bemerkenswerte Botschaften. Mal sind sie an den Verstorbenen gerichtet, mal an die Nachwelt, mal hat man nicht die geringste Ahnung, wer hier angesprochen sein könnte. Besonderes Gewicht haben diese Worte in allen drei Fällen, denn immerhin werden sie ja angesichts des Todes ausgesprochen.

Bei unserer ersten Anzeige hat man allerdings den Eindruck, dass Ralf über diese Tatsache allzu unbekümmert hinweggeht. Andererseits hat diese öffentliche Verabredung für das kommende Bon-Jovi-Konzert auch wieder Charme. Vor allem durch den präzisen Hinweis, wo Ralf zu finden sein wird, erntet er unsere Sympathie. Gar nicht auszuschließen, dass nicht nur Jaqueline die Gelegenheit nutzen wird, ihm freundlich zuzuwinken.

Hallo Jaqueline,

da Du Dich in dieser Woche unerwartet auf eine längere Reise begeben hast und nun das Bon Jovi - Konzert in Düsseldorf im kommenden Sommer aus sicherem Abstand verfolgen wirst, kannst Du von oben wenigstens mal winken. Ich bin auf der Tribüne, Block 29, oder stehe am Bierstand.

Bleib wie Du warst

Ralf

Weit weniger bodenständig klingt die Botschaft für den »unbefleck-ten« Dieter U. Als »reines Bewusstsein« schwebt der nun in höheren Sphären. Was ihm Heidrun dankenswerterweise mitteilt.

**Du bist rein. Du bist Intelligenz. Du bist unbefleckt.**
**Du bist unberührt von Geburt, Tod und Illusion.**
**Du bist reines Bewusstsein.**

In Stille nehmen wir Abschied von meinem geliebten Ehemann, unserem herzensguten Vati, Schwiegervati, Schwiegersohn, Bruder, Schwager und Onkel

# Dieter U
geb. 3. 12. 1955          gest. 24. 11. 2012

In Liebe, Dankbarkeit und tiefem Schmerz:
**Deine Heidrun**
**Tino und Anika**
**Theresa und Christian**
**Hildegard R**
**Deine Schwester Moni**
**sowie alle Angehörigen**

In einem ähnlichen Sound von nebulöser Bedeutsamkeit ist auch unsere nächste Anzeige gehalten. Allerdings richtet sich die Botschaft, die ein gewisser Popow »gezeichnet« hat, vermutlich an uns alle. Wobei man schon gerne wüsste, wer über-haupt gestorben ist.

Es gibt schmerzliche Entscheidungen, die irreversibel sind.

Zollen wir dem Individuum Hochachtung, welches diese Entscheidungen beim Erkennen ihrer Richtigkeit realisiert.

Der Mensch wird gedacht!
gez. Popow

Karlsruhe, den 25. Februar 2004

Ein gutes Herz hat am
15. Juni 2009
aufgehört zu schlagen.

Ich habe einen wertvollen und guten Menschen verloren.
Was selbst die nächsten Angehörigen
nicht zu schätzen wissen.

Mit großem Schmerz und in tiefer Trauer.

Walter

Ruhe in Frieden.

Vor dem gleichen Rätsel stehen wir bei der Anzeige, die Walter ge-schaltet hat. Darin beklagt er die fehlende Wertschätzung einer un-genannten verstorbenen Person durch die nächsten Angehörigen. Irgendwie werden wir den Eindruck nicht los, dass er von Trauer überwältigt die Namenszeile schlicht vergessen hat.

**Geliebt und unvergessen.**

Tief dankbar gedenken wir
unserem herzensguten

## Verstorbenen
8.8.2009

In Liebe
**Deine Frau
Deine Kinder
und Familie**

Du fehlst uns sehr.

Ein solches Versehen können wir bei unse-rer nächsten Anzeige ausschließen. Hier ist mit Vorsatz ein Höchstmaß an Diskre-tion gewahrt worden. Offenbar soll nie-mand wissen, wer am 8. August 2009 ver-storben ist. Daher keine Namen, keine Daten, keine Adresse. Wir fragen uns, wa-rum man dann überhaupt eine Anzeige schaltet.

Es muss auch mal gesagt werden: So eine Todesanzeige ist ja nicht ganz billig. Umso erfreulicher, wenn man Hinterbliebene hat, die ihre Zuneigung fein zu dosieren wissen.

"Eine Anzeige sollte sie uns wert sein"
In stiller Trauer nehmen wir Abschied von

# Eva-Maria K

geb. F

\* 1. 10. 1932      † 26. 5. 2012
Breslau      Oldenburg

In Liebe und Dankbarkeit:

**Barbara P**
**Andreas K**

Die Beisetzung hat am 08.06.2012 in aller Stille auf dem Gertrudenfriedhof stattgefunden.

Kälter geht es nicht. Es muss schon ganz arg kommen, wenn das Einzige, was die Hinterbliebenen mitteilenswert finden, die Tatsache ist, dass man bereits unter der Erde liegt. Und nicht einmal für diese Information möchte jemand namentlich einstehen. Dann lieber gar keine Anzeige, als so einen Eisblock nachgeworfen zu bekommen.

# Max A

**wurde bestattet.**

In memoriam

Viele wissen vielleicht noch nicht, daß Du tot bist.

# Wolfgang B

\* 22. 1. 1952    † 5. 2. 1995

Beerdigt in Neu-Ulm.

Deine Mutter
Dein Bruder mit Familie

Mutter B. ist wenigstens noch im Gespräch mit ihrem Sohn. Auch wenn ihre Mitteilung ins Jenseits nicht gerade von tiefer innerer Anteilnahme zeugt, sondern die Botschaft vermittelt: Vielen ist noch gar nicht aufgefallen, dass Wolfgang bereits beerdigt wurde.

Das letzte Süppchen – Tralala ist alle

# Margot M

\* 7. Juni 1925    † 28. Januar 2009

ist am 28. Januar nach stillem Leiden eingeschlafen.

Martina, Michael und die Kinder

Die Trauerfeier findet am Donnerstag, den 5. Februar ab 15:30 Uhr auf Ohlsdorf in Kapelle 12 statt.

Wir wissen nicht, welche Suppe Margot M. in ihren letzten Lebenstagen noch auslöffeln musste. Ein wenig ungewöhnlich wirkt der Abschied von Martina, Michael und den Kindern allerdings schon.

237

Rätselhaft ist die Botschaft in der Anzeige für Dieter Z. Es bleibt unklar: Sind die Worte an Dieter gerichtet? Oder stammen sie von ihm? Sind sie eine typische Redewendung von ihm? Und wenn ja, bei welcher Gelegenheit hat er sie gebraucht?

*„Da hasse aber Sand dran!"*

Wir sind sehr traurig.

# Dieter Z

\* 22. Juli 1938    † 10. Mai 2012

Dunkel bis düster ist die Botschaft, die Matze N. mit auf den Weg bekommt. Denn dass niemand sterben will, das können wir schon nachvollziehen. Aber ob jeder zur Hölle fahren möchte, da sind wir schon etwas skeptischer.

*Everbody wants to go to hell,*
*but nobody wants to die. Ach, ...*

# Matze N

\* 29. 8. 1965          † 23. 9. 2010

Silke A              : und deine Kellerkinder trauern

Die Trauerfeier findet am Samstag, den 2. Oktober, um 14 Uhr in der Friedhofskapelle zu Bennigsen statt.

Tröstliche Worte finden sich in der Anzeige für Wolf Heino D.: Als Menschen mögen wir sterblich sein. Doch zum Edelstein gepresst sind wir nicht so leicht kaputt zu kriegen.

Menschen, die man liebt, sind wie Sonnenstrahlen und Sterne.
Sie funkeln, blinken und strahlen noch ewig nach ihrem Erlöschen.
Danke für die wundervollen Jahre mit Dir.

Der Mensch Heino musste allzu früh von uns gehen. Als Diamant wird Heino ewig fortbestehen.

Unerwartet, tief erschüttert und voller Traurigkeit nehmen wir in Liebe und Dankbarkeit Abschied von
meinem alles geliebten Ehemann, Vater, Opa, Sohn, Bruder, Schwiegersohn, Schwiegervater und Schwager

# Wolf Heino D

\* 2. Januar 1954    † 6. Dezember 2012

Carola D              geb. T
Steffen D             mit Familie
Christl D
Kay D
Ralph und Ingrid D
Helga T

sowie alle Angehörige, Freunde und Nachbarn

Die Trauerfeier findet am Freitag, dem 14.12.2012 um 11 Uhr auf dem Neuen Friedhof in Groß Gerau, Waldstraße statt.
Anschließend treffen wir uns im Gasthaus „Zum Steirer Buam", Woogsdammweg 4, in Groß-Gerau.

239

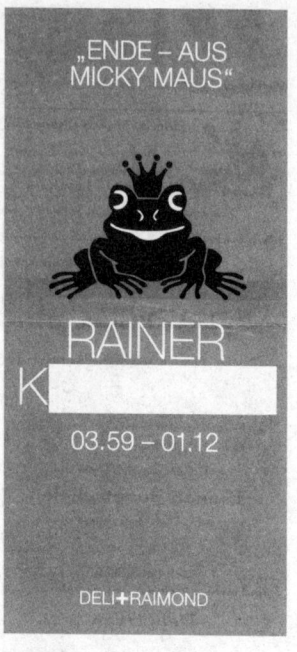

"ENDE – AUS
MICKY MAUS"

RAINER
K

03.59 – 01.12

DELI+RAIMOND

Rainer K., der legendäre Gastwirt aus Velbert, der uns schon im Kapitel mit den »Charakterköpfen« begegnet ist ( → Seite 221), wird mit einer einprägsamen Formel verabschiedet, die zeigt: Auch das Ende muss man nicht immer bierernst nehmen.

Dem Motto für Günni E. ist wirklich nichts mehr hinzuzufügen. Und so möchten wir uns den knappen Worten anschließen und uns von unseren Lesern verabschieden.

Das war's

# Günni E

\* 12. September 1930       † 10. Juli 2004

# Schluss- und Dankeswort des Sammlers

Mit »Ich mach mich vom Acker« endet unsere kleine Trilogie von Büchern mit ungewöhnlichen Todesanzeigen. Seit dem Erscheinen von »Aus die Maus« im Herbst 2009 haben wir weit über 3 000 Zuschriften von Leserinnen und Lesern zu unseren Büchern bekommen. Auf diese Weise konnte ich meiner Sammlung alleine nach dem Erscheinen unseres zweiten Bandes »Wir sind unfassbar« gut 8 000 neue ungewöhnliche Stücke hinzufügen. Es war mir einmal mehr ein großes Vergnügen, aus diesem Schatz eine Auswahl von Anzeigen zu treffen, die Matthias Nöllke zu Kapiteln angeordnet und mit verbindenden Texten versehen hat. Wir hoffen, dass unsere Leserinnen und Leser wie wir der Meinung sind, dass »Ich mach mich vom Acker« seinen beiden Vorgängern nicht bloß ebenbürtig ist, sondern sie dank des grandiosen Materials vielleicht sogar noch ein Stückchen übertrifft.

Schon werde ich von treuen Beiträgerinnen und Beiträgern gefragt, ob wir uns nach diesem Buch selbst auch »vom Acker machen« und nie mehr neue Sammelschätze zeigen wollen. Auf solche Fragen antworte ich zunächst, dass ich meine Sammlung von Todes- und Familienanzeigen selbstverständlich weiterführe und deshalb auch in Zukunft für jedes neue Stück, das mich per Mail (todesanzeigen@gmx.de) oder per Post (Verlag Kiepenheuer & Witsch, KiWi Paperbacks – Stichwort: Todesanzeigen –, Bahnhofsvorplatz 1, 50667 Köln) erreicht, dankbar bin. Sobald ich die Zeit dafür finde, will ich zudem meine Internetseite www.todesanzeigensammlung.de neu gestalten und dort unter anderem auch einige der Perlen zeigen, für die wir hier leider keinen Platz hatten.

Was weitere Bücher betrifft, so möchte ich es mal so ausdrücken: Stellen Sie sich Matthias Nöllke und mich wie zwei Musiker vor, die ihr Konzert unter Beifall mit zwei Zugaben beendet haben. Da man aufhören soll, wenn es am schönsten ist, haben wir eine Rückkehr vor den Vorhang nicht geplant und kein weiteres Encore vorbereitet. Sollte aber der Beifall auch nach der zweiten Zugabe nicht schwächer werden und sollten uns unsere Leserinnen und Leser wieder ein paar Jahre lang mit ihren unglaublichsten Funden versorgen, dann setzen wir uns vielleicht noch einmal mit unserem Verlag Kiepenheuer & Witsch zusammen und denken über ein weiteres Büchlein nach.

Auf jeden Fall möchte ich aber schon hier und jetzt Ihren Applaus auf diejenigen lenken, denen er in erster Linie gebührt: Wenn es je ein Buch gegeben hat, das von Leserinnen und Lesern für Leserinnen und Leser gemacht wurde, dann halten Sie es gerade in Ihren Händen! Jede/r von den vielen, deren Namen Sie in der nachfolgenden Beiträgerliste finden, hat ein gehöriges Quantum dazu beigetragen, dass wir zwanzig Kapitel randvoll mit ergreifenden, komischen, denkwürdigen und rätselhaften Todesanzeigen füllen konnten und trotzdem immer noch über Stoff für drei weitere, kaum schlechtere Bände verfügen. Bravissimi, liebe Beiträgerinnen und Beiträger!!!

So hart wir manchmal bei der Entscheidung zwischen zwei oder drei gleich guten Stücken sein mussten, wenn in einem Kapitel nur noch Platz für eine einzige, letzte Anzeige war, so ungerecht ist es, aus den vielen treuen Zusendern eine Handvoll auszusuchen und hier zum Dank vorab aufzuführen. Doch sollte es etwa keine Erwähnung finden, dass Leserinnen und Leser wie **Dörte El-Sarise, Ursula Zanke, Helmut Geist, Karin Goebelsmann, Wolfram Schlag, Angelika Donant, Maiken Fischer, Abraham Kustermann, Gerhard Beck, Eva Moßgraber, Petra Arntz, Lutwin Schulligen, Jost Schaper, Maria Gorgs, Hans Funke, Karl-Heinz Peetz, Waltraut Maisch, Karl Mai, Wigbert Schuberth** und **Rita Wittgens** mir über mehrere Jahre immer wieder, manchmal sogar mehrmals in einer Woche, ihre neuen Fundstücke geschickt haben? Ziemte es sich zu verschweigen, dass mir ermöglicht wurde, in diesem Büchlein großartige Kollektionen ungewöhnlicher Todesanzeigen zu verarbeiten, die Sammlerinnen und Sammler wie **Margit Schröer, Walther Preil** und **Georg Meyer** über Jahrzehnte kenntnisreich, liebevoll und mit viel Sinn für Gefühl und Humor zusammengetragen haben? Und was wäre aus diesem Buch ohne die vielen, vielen Stunden redaktioneller Vorarbeiten von **Julia Fink** oder die herrlich beckmessernde Allroundunterstützung von **Reinhold Janßen** geworden?

Dass wir mit »Ich mach mich vom Acker« sogar eine ganze Buchtrilogie voller ungewöhnlicher Todesanzeigen zum Abschluss bringen konnten, hätten Matthias Nöllke und ich ohne den unablässig anfeuernden Support und die professionelle Unterstützung unseres Verlegers **Helge Malchow**, unseres Lektors **Martin Breitfeld**, unserer Herstellerin **Elisabeth Reith** und des ganzen sensationellen Teams unseres Verlages Kiepenheuer & Witsch nicht geschafft. Ihnen möchten wir mit dem letzten Federstrich an unserem Triptychon ebenso unseren großen Dank abstatten wie den vielen Buchhändlerinnen und Buchhändlern, ohne deren begeistertes Engagement unsere Büchlein niemals eine so große Lesergemeinde gefunden hätten.

Wiesbaden, im Frühjahr 2013
*Christian Sprang*

# Beiträgerinnen und Beiträger zu diesem Buch:

Susi Alberts, Michael Albrecht, Rolf Alpes, Dorothee Ambach, Elke Arnephy, Wolfgang Arnold, Ernst von Arx, Barbara Attenberger-Maimerl, Annette Auer, Matthias Back, Elfriede Balle, Dieter Banzhaf, Jörg Barczynski, Irmgard Barnes, Kerstin Barth, Marianne Barth, Fred Bartusch, Brunhild Bast, Ursula Bauer, Danilo Bauer, Walter Bauer, Ursula Baur, Polly Benecke, Monika Benteler-Stump, Ben Berger, Rainer Bergmann, Renate Bergmann, Dietmar Bernhardt, Elisabeth Bernhart, Franziska Bickel, Charly Bieler, Antje Binder-Stohrer, Kai Blasius, Beatrice Blass, Margot Böhm, Michael Bohne, Margret Böing, Tanja Bönig-Ohl, Eva Bornemann, Kerstin Börner, Eva Böttcher, Martha Böttger, Andrea Botzen, Astrid Bourquardez, Christine Brandes, Stefan Bredehorst, Erika Bredemeier, Ina Bredies, Martin Breitfeld, Renate Breithecker, Edmund Bringmann, Ingrid Brodda, Bruder Josef, Felicitas Bukowski, Heinz Burbach, Ekkehart Burghausen, Karl Burgholz, Heinz Burkard, Ingrid E. Cambeis, Cornelia Camen, Annette Conrad, Dominique Conrad, Dr.med. C. Cruz Pinto, Nicole Damm, Christel Dehms, Thomas Deichmeier, Wiebke Deipenbrock, Claudia Delbeck, Uta Demes, Petra Dettmer, Jacqueline Diez, Heidi Distel, Hans Detlef Dopatka, Klaus Dörries, Eva Döttcher, Carola Dressel, Kim Dudek, Matthias Dutschack, Franz Ebbers, Andreas Eckel, Christine Eckl, Reinhard Eckl, Norbert Eggenschwiler, Tina Ehmke, Wolfgang Ehrich, Rolf Eisfeld, Matthias und Marina Elling, Andreas Emmerich, Alexander Endtner, Andreas Engbert, Stefan Erdmann, Udo Erhart, Renate Evers, Aline Faaß, Christoph Feichtinger, Elke Feldmeier, Rosemarie Fette, Gernot Fietzek, Heinz Findeiss, Andreas Fössl, Regina Frahm, Carola France, Erika Franke, Jens Franke, Philipp Frankenfeld, Traute Frankenstein, Christian Freitag, Gisela Frese, Dörte Fricke, Margot Fridrich, Martina Friedrich, Herbert Fritz, Jennifer Fromme, Werner Fuchs, Gudrun Fuchsjäger, Dieter Fueller, Sven Fund, Alipio Gabrielli, Bettina Gahrmann, Petra Gegl, Manfred Geheeb, Alexander Gehrke, Jutta Geiger, Maike Geiger, Heinrich Geisemeier, Heinz-Udo Gerke, Maike Gesche, Ariane Gigon, Ingrid Gleissner-Klein, Annegret Göbel, Brigitte Gode, Petra Gögelein, Carola Göhlich, Martina Gollhardt, Uschi Gomez-Segundo, Christiane Götz, Dr. Thomas

Götze, Hedwig Grau, Sigrid Grevesmühl, Karin Griwatz, Birgit Grohmann, Carin Gröne, Maren Gross, Roswitha Grötzinger, Hans-Peter Grümmer, Roland Gundel, Alfons Güntert, Dietmar Gürtler-Stüble, Marion Haag-Sätzler, Elisabeth Haakh, Werner Häderer-Kammerlander, Jutta Haecker, Simon Haefely, E. Hager, Marion Häger, Walter Haller, Sabine Halscheid, Jan-Erik Hansen, Daniel B. Hartmann, Stefan Hauck, Melanie Haugg, Hans Hecht, Gabriele Heck, Ivola Heinz, Jürgen Heinze, Rosi Heise, Olaf Hellrung, Sebastian Hempel, Michaela Hennig, Roman Henninger, Charlotte Henze, Horst Hering, Uwe Herling, Otmar Hesse, Angelika Hessing, Ulrich Heun, Eberhard Heuß, Christoph Heuvelmann, Bernd Hiegle, Hildegund Hildebrandt, Heinz Hillenbrand, Paul Hirnstein, Olaf Höfler, Michael Holzer, Bernd Homeier, Annegret Hönig, Anna Hoock, Uwe Hoos, Clarissa Hornbergs, Frank Houwen, Andrea Huberty, Florian Hübner, Udo Hueber, Brigitte Huth, Johann Iffert, Katja Imme, Norbert Ingenhoven, Wilhelm Jensen, Manuela Junkherr, Kaffeerunde des Schleswig-Holsteinischen Oberlandesgerichts, Wolfgang Kahl, Reiner Kanzleiter, Carola Käpernick, Anne und Ulli Karge, Stefan Karl, Ronald Kasper, Simone Katzke, Ralf Kaufeld, Christian Keck, Gabriele Kehl, Carmen Keller, Kerstin Kermas, Dietlind Kestler, Karola Kettl, Alfons Kettner, Wilfried Kircher, Lena Kirsch, Gesine Klack, Barbara Klags, Reinhard Kleinewiese, Gerhard Klenner, Andreas Klimt, Reiner Klink, Nora Klossowski, Birgit Kluxen, Susanne Knoch, Christina Knuth, Marion Kobs, Kornelia Koch, Felix Koch, Barbara Koch, Stefanie Koch, Birgit Koerdt-Brüning, Edeltraud Köhler, Hans-Albert Kolbe, Frank und Sabine König, Angelika Kopp, Helga Kopp, Hans-Jürgen Körner, Gerald Korte, Ruth Krämer, Uta Krämer, Bernd Kraus, Maria Krebs, Peter Kreidner, Angelika Kroll, Jutta Kronshage, Sabine Krüger, Birgit Kubisch, Monika Kühn, Andreas Kunert, Uwe Kurtze, Uli Laibe, Johann Lang, Kirsten Lange, Ernst W. Langewellpott, Gabriela Lauber-Stöger, Carmen Lautenscheidt, Yvonne Lehmann, Thomas Lehner, Christine Leidecker, Michael Ley, Marita Libuda, Birgit Licht, Brigitte Lichter, Susanne Liebke, Alica Lilgert, Regina Lindhoff, Alexandra Lipka-Dresing, Andrea Löbbecke, Christiane Lübke, Ulrike Lucht-Lorenz, Rüdiger Lühr, Manuela Maar, Alexandra Maaß, Carolin Maaßmann, Gisela Mack, Bernhard Maier, Sabine Mantz, Ursula Markmann, Anne-Marie Marzen, Bettina K. Matthews, Monika Mehle, Renate Meier, Lieselotte Meisfeld, Hubertus Meixner, Klaus Melber, Ursula Merkmann, Mathilde Meßmer, Marianne Meyer, Christa Meyer, Pia Meyer, Stefan Mögele, Rainer Mohrs, Christina Möllenhoff, Peter Moller, Kerstin Moosbauer, Volker Morstadt, Petra Mucha, Ingrid Müller, Sigrid Müller, Kristian Müller von der Heide, Rüdiger Munzert, Hans-Christian Napp, Käte Nennstiel, Johannes Neufeld, Michaela Neumeister, Jeanette Nevole, R. Nickel, Werner Nilkes, Janine Noetzelmann, Brigitte Obal, R. Oertel, Carina

Ohlendorf, Gabriele Oldenkirchen, Gerd-R. Opitz, Isolde Orsakowsky, Gudrun Otto, Manuela Paditz, Ines Pajewski, Sabine Pallach, Gabriele Panitz, Martin Pape, Ralph Patzig, Andreas Pelz, Eberhard Peppinghaus, Hans-Joachim Peters, Sybille Pfeiffle, Klaus Pfromm, Denise Pieren, Frank Pietzcker, Marlies Pilz, Lothar Pippel, Salme Pluler, Rosemarie Poguntke, Miriam Pohl, Evelyn Pohle, Petra Pohlmann, Stefanie Pohlmann, Paul-Gerhard Polig, Hedi Poliwoda, Günther Pölking-Henkel, Rainer und Heike Pöppel, Sandra Potthast, Bettina Preiß, Madeleine Prüfer, Wolfgang Quint, Eva Raß, Berthold Reers, Mathias Reichelt, Luis Repsold, Elisabeth Reschke, Martin Reuter, Nicole Rhein, Jutta Richter, Peter Richter, Markus Ricken, Claudia Rieper, Anneli Ritter, Sabine Roemer, Bernd Rolle, Heinrich Roller, Karl Heinz Römer, Uwe Römhild, Nina Rosemann, Karin Rosenthal, Odo Rothenbächer, Matthias Rother, Michael Rother, Holger Rühl, Bernhard Rupprecht, Heinz Rüschenschmidt, Hermann Sack, Jessica Sänger, Sabine Sauer, A. Sauermann, Christine Sauerstein, Barbara Saul-Sievers, Aiga Sautter, Peter Schappert, Ruth Schaupp, Günter Schick, Uta Schlegel-Holzmann, Wolf-Rüdiger Schliebener, Kay Schmekel, Hans-Jürgen Schmid, Brigitte Schmidt, Annika Schmidt, Ingrid Schmitt, Angela Schneider, Charlotte Schneider, Thilo Schneider, Jörg Schneider, Tobias Schneider, Gundula Scholz-Eberle, Nicola Scholz-Recht, Martina Schotes, Karin Schramm, Andreas Schreitmüller, Dieter Schreml, Wolf-Christian Schroedter, Silke Schroeter, Axel Schüler, Gereon Schüller, Heike Schulteis, Claudia Schulz, Hans-Otto Schulze, Liselott Schulze, Karl-Werner Schupmann, Gudrun Schürmann, Gudrun Schwab, Eva-Maria Schwamberger, Doro Schwartz, Wolfgang Schwarz, Herbert Schwörer, Jeannie Scriven, Ulrich Seelbach, Charlotte Seither, Peter Sigmann, Wiebke Singer, Stephan Spechtenhauser, Friedrich Sprang, Friedrich Wolfgang Sprenger, Bernhard Springer, Ludwig Stahl, Torsten Stau, Vreni Steffen-Steinegger, Dagmar Stein, Elisabeth Stein H. Stein, Barbara Steinbrück, Reimond Steller, Jörg Stenger, Manfred Stephan, Andrea Steubesand, Gerhard Stöcklin, Joachim Strauch, Birgit Strecker, Martin Stüber, Klaus Suetterlin, Siegfried Tannheim, Tobias Tebben, Holger Tetzel, Bernadette Thebach, Andrea Thoma, Otto Thumm, Almuth Timm, Bruno Tobies, Inge Trächtler, Knut Träg, Roswitha Trefzger, W. Trotner, Detlef Uecker, Manfred Uhler, Jörg-Eckhardt Ulrich, Helmut Unkelbach, Barbara Vahldieck, Birgit Vengels-Heinser, Renate Virnich-Ohnesorge, Walter Vitt, Hans-Joachim Volkmer, Erik Vollmer, Thomas vom Hofe, Silvia von Ballmoos, B. von Harer-Radlick, Georg von Kalckreuth, Ursula von Schlieben, Werner Wacker, Susanne Wagner, Frank Waldfahrer, Andreas Wallentin, Erika und Hans-Jürgen Walther, Dagmar Wannenaar, Ulrich Weber, Wolfgang Weber, Christa Wehde, Bettina Weidt, Frank Weimer, Gerhard Weitz, Torsten Werner, Elke Westerwelle, Joachim Westphal, Gabriele Wichary,

Mareike Wichmann, Theodor Wiesenhöfer, Sylvia Wiethaup, Claus Wilke, Petra Wilmer, Ramona Winkler, Anke Wirtz, Irene Witticke, Detthard Wittler, Anne Witzel-Driebe, Monika Wolf, Gerhard Wolters, Anja Wörle, Simone Wösting, Jan Wutkewicz, Volker Zander, Dietmar Zanger, Dorothea Zechmann, Britta Zietlow, Brigitta Zimmermann, Chris Zschaber

# »Und am Anfang war er so beliebt.«

Christian Sprang / Matthias Nöllke. Aus die Maus. Ungewöhnliche Todesanzeigen. Taschenbuch. Verfügbar auch als eBook

Christian Sprang / Matthias Nöllke. Wir sind unfassbar. Neue ungewöhnliche Todesanzeigen. Taschenbuch. Verfügbar auch als eBook

Wer Todesanzeigen genau liest, findet große Gefühle, Rätselhaftes, Skurriles – und sehr viel Komik. Diese Bücher stellen die interessantesten Fundstücke vor. Sie zeichnen ein ungewöhnliches Bild vom Leben und Sterben in diesem Land, das zu tröstender Erkenntnis und befreiendem Lachen führt. Schließlich gilt, wie es in einer Anzeige heißt: »Wer nicht stirbt, hat nie gelebt.«

# Auf die Plätze, fertig, Spaß!

Bastian Sick. Happy Aua. Taschenbuch · Bastian Sick. Happy Aua 2. Taschenbuch · Bastian Sick. Hier ist Spaß gratiniert. Ein Happy-Aua-Buch. Taschenbuch

Gordon Blue, gefühlte Artischocken, strafende Hautlotion – nichts, was es nicht gibt! Bastian Sick hat sie in seinen Bilderbüchern aus dem Irrgarten der deutschen Sprache zusammengetragen und kommentiert: missverständliche und unfreiwillig komische Speisekarten, Hinweisschilder, Werbeprospekte u. ä. – die bizarrsten Deutschlesebücher der Welt.

# Jetzt wird's heiß: »Wir braten Sie gern!« – der vierte Band der Sick'schen Kultreihe

Bastian Sick. Wir braten Sie gern! Ein Bilderbuch aus dem Irrgarten der deutschen Sprache. Ein Happy-Aua-Buch. Taschenbuch

Nach dem Motto: »Noch realistischer wie nie zuvor« hat Bastian Sick in seinem vierten »Happy-Aua«-Buch weit über 200 unglaubliche Sprach-Fundstücke aus dem öffentlichen Raum, aus Supermärkten, Restaurants, Zeitungen und Inseraten zusammengestellt. Ob Teppiche aus »reiner Schuhwolle«, »Wild aus heimlichen Wäldern« oder reduzierte »Schamfestiger« – es gibt nichts, was es in diesem Buch nicht gibt.

# Zum Lesen, Lachen und Nachschlagen

Bastian Sick. Der Dativ ist ... Folge 1.
Taschenbuch. Verfügbar auch als ☐Book

Bastian Sick. Der Dativ ist ... Folge 2.
Taschenbuch. Verfügbar auch als ☐Book

Bastian Sick. Der Dativ ist ... Folge 3.
Taschenbuch. Verfügbar auch als ☐Book

Bastian Sick. Der Dativ ist ... Folge 4.
Taschenbuch. Verfügbar auch als ☐Book

Witzig und unterhaltsam – Bastian Sicks Sprach-
kolumne begeisterte bereits Millionen Leser und
zeigt immer wieder: Man lernt nie aus!

# Dem Dativ sein fünfter Fall

Bastian Sick. Der Dativ ist dem Genitiv sein Tod. Folge 5.
Taschenbuch. Verfügbar auch als ❏Book

Die Bestsellerreihe von Bastian Sick wird fortgesetzt! Im
fünften Band über die Fallstricke der deutschen Sprache
versammelt der Autor 50 neue Geschichten und gibt Rat
in Zweifelsfällen.

Martin Blath / Elke Herbst. Wohnst du schon oder lachst du noch? Die witzigsten Immobilienanzeigen. Mit zahlreichen Illustrationen von Thomas Plaßmann. Taschenbuch. Verfügbar auch als 🄴Book

Als Elke Herbst und Martin Blath vor einiger Zeit auf Wohnungssuche waren, studierten sie Unmengen von Immobilienanzeigen – und stießen dabei auf Perlen der Poesie. Rätselhaftes, Erfrischendes und vor allem Witziges: Im Formulieren von Wohnungsannoncen toben sich Makler und Vermieter oft so richtig aus. Dieses Buch stellt die lustigsten Anzeigen vor. Zum Staunen und Lachen.

Thomas Hillenbrand. Schräge Schilder. Taschenbuch

Geplant war das nicht: Eigentlich wollte Spiegel online nur ein paar skurrile Verkehrsschilder vorstellen, doch die Veröffentlichung löste eine Lawine aus. Zu Hunderten schickten Leser eigene Schnappschüsse ein. Mittlerweile ist die Kolumne »Schräge Schilder« nach Bastian Sicks »Zwiebelfischchen« die beliebteste Bildkolumne des Online-Portals. Die lustigsten und skurrilsten Schilder hat Thomas Hillenbrand in diesem Buch zusammengestellt und kommentiert.